By Jey e _____

EDITORA VIDA
Rua Conde de Sarzedas, 246 — Liberdade
CEP 01512-070 — São Paulo, SP
Tel.: 0 xx 11 2618 7000
atendimento@editoravida.com.br
www.editoravida.com.br
@editora_vida /editoravida

Editora-chefe: Sarah Lucchini
Editora responsável: Mara Eduarda V. Garro
Preparação: Aline Lisboa M. Canuto
Revisão: Eliane Viza B. Barreto
Revisão de provas: Paulo C. Oliveira
Coordenadora de design gráfico: Claudia Fatel Lino
Capa e projeto gráfico: Vinicius Lira
Diagramação: Marcelo Alves de Souza, Vanessa S. Marine e Williams Rentz
Imagens de miolo: Marcelo Alves de Souza, Vanessa S. Marine, Vinicius Lira e Williams Rentz

CONSTRUA SEU DIÁRIO
©2023, by Jey Reis

Todos os direitos desta edição em língua portuguesa são reservados e protegidos por Editora Vida pela Lei 9.610, de 19/02/1998.

É proibida a reprodução desta obra por quaisquer meios (físicos, eletrônicos ou digitais), salvo em breves citações, com indicação da fonte.

■

Exceto em caso de indicação contrária, todas as citações bíblicas foram extraídas da Nova Versão Internacional (NVI) © 1993, 2000, 2011 *by International Bible Society*, edição publicada por Editora Vida.

Todos os direitos reservados.

Todas as citações bíblicas e de terceiros foram adaptadas segundo o Acordo Ortográfico da Língua Portuguesa, assinado em 1990, em vigor desde janeiro de 2009.

■

As opiniões expressas nesta obra refletem o ponto de vista de seus autores e não são necessariamente equivalentes às da Editora Vida ou de sua equipe editorial.

Os nomes das pessoas citadas na obra foram alterados nos casos em que poderia surgir alguma situação embaraçosa.

Todos os grifos são do autor, exceto os indicados.

1ª edição: jul. 2023

Dados Internacionais de Catalogação na Publicação (CIP)
(Câmara Brasileira do Livro, SP, Brasil)

Reis, Jey
   Construa seu diário / Jey Reis. -- Guarulhos, SP : Editora Vida, 2023.

ISBN 978-65-5584-426-9 – capa lilás
ISBN 978-65-5584-425-2 – capa azul
ISBN 978-65-5584-427-6 – capa amarela

1. Diários - Literatura infantojuvenil I. Título.

23-162382   CDD-028.5

Índice para catálogo sistemático:

1. Diários : Literatura infantojuvenil 028.52. Diários : Literatura juvenil 028.5
Aline Graziele Benitez — Bibliotecária — CRB-1/3129

Quem é Jey Reis?

Jey é apaixonada por Jesus, por isso tem pregado o Evangelho em todo o mundo. Seu aniversário é no dia 20 de julho, e ela nasceu na "terra do oxe!!" (Salvador, caso você não saiba). Ama água de coco e não gosta de morango – sim, você leu certo!

Neste ano, 2023, começou um curso de teologia no Instituto Christ For The Nations (CFNI) em Dallas – EUA – e, portanto, está morando fora de seu país de origem. Já pregou em quase todos os estados do Brasil – exceto um só – e em 14 nações do mundo: Alemanha, Bélgica, Espanha, EUA, França, Holanda, Inglaterra, Itália, Luxemburgo, Paraguai, Polônia, Portugal, Suíça e Ucrânia.

A Jey é bem ativa nas redes sociais, porque ama fazer as pessoas sorrirem e quer ajudar jovens e adolescentes de todo o mundo a encontrarem sua verdadeira identidade em Jesus! Em resumo, essa é a Jey.

:Dedicatória:

Dedico este diário ao meu Amigo de todos os dias. Afinal, nem sempre fui de escrever "querido diário", mas sempre fui de falar "querido Deus". Não teria como não dedicar esta obra ao Senhor, já que o Livro que ele nos deixou é inspiração para cada página, cada ensinamento, cada palavra escrita aqui.

Obrigada, Jesus, por ser o Autor e Consumador da nossa fé! Obrigada, Pai, por ter me escolhido pra falar com seus filhos. E eu espero que com o <u>CONSTRUA SEU DIÁRIO</u> possamos gerar na vida deste leitor um anseio por dizer "querido Deus" todos os dias. Sei que Você, Senhor, não se conforma com o raso, por isso quero instigar cada pessoinha especial que está com este livro nas mãos a ir mais e mais fundo no Senhor.

E eu dedico este diário a você! Sim, a você, leitor (e coautor), que escolheu se aventurar nestas páginas, que não contêm apenas palavras a serem lidas, mas também VIVIDAS!

AGORA É A SUA VEZ!

Dedico este diário a...

OBRIGAAAADA, (DEUS!)

OBRIGADA, FAMÍLIA!

OBRIGADA A VOCÊ QUE ESTÁ CONSTRUINDO ESTE DIÁRIO COMIGO!

⁖Introdução⁖

Vamos começar pelo começo?

Oi, eu sou a Jey e é mais do que um prazer conhecer você (prometo que vamos nos conhecer muitoooo nas próximas páginas que o esperam)!

Mas, aaantes, deixe eu explicar rapidinho para você o que é este conjunto de páginas coloridas que está nas suas mãos.

1. Não, este não é um livro comum.
2. Não, você não vai (só) se sentar para ler o que um autor escreveu.
3. Sim, você vai escrevê-lo comigo.
4. Sim, você entrará em um tipo de "consulta" com um "psicólogo" e vai descobrir coisas sobre você mesmo que talvez nem sabia ainda.
5. E, sim, fará tudo isso enquanto se diverte muito!

Criei este livro/diário/journaling/ desafio/aventura pensando em compartilhar aprendizados profundos de uma maneira incomum. Afinal, como nossa mãe sempre diz: você não é todo mundo... você é EXTRAORDINÁRIO!

E aí, extraordinário, você está pronto?

Antes de começar, volte na capa e escreva seu nome ao lado do meu!

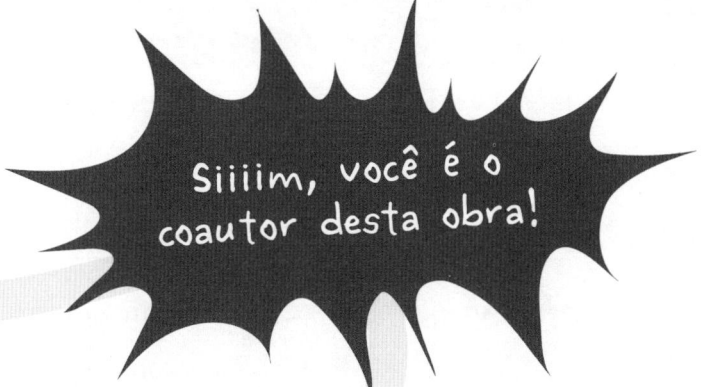

Siiiim, você é o coautor desta obra!

quem é você?

Ei, tô curiosa... me diz, ou melhor, me mostre:

[Cole aqui alguma coisa que te representa.]

Meu nome é:
_____

E hoje, dia
_____,
começo esta jornada de descobertas com a Jey.

Agora você deve estar se perguntando: como usar este diário?

Pois eu explico!

É muito simples, basta abrir uma página diferente a cada dia. Não precisa ser em ordem nem todos os dias — se bem que... acho difícil você ficar mais de 24 horas sem voltar aqui para tentar algo novo!

Para começar, você vai precisar apenas de...

- Muita vontade de se conhecer melhor
- Um coração aberto para receber mais de Deus
- Coragem!
- AQUELA Bíblia (a companheira, sabe?)
- Cola e tesoura
- Revistas e jornais velhos
- Lápis de cor, canetinha, giz de cera, marca-texto, tinta (tudo o que tiver aí na sua casa e, confie em mim, quanto mais aleatório e colorido, melhor!)
- Um limão
- Alguns cotonetes
- Ketchup

TUDO BEM ATÉ AQUI, NÉ?

Bom, você já escreveu seu nome no diário, mas... quero te conhecer melhor. Então me fale: o que você ama? Conte aqui qual é o seu assunto favorito. Pode ser qualquer coisa!

_____
_____
_____
_____
_____
_____
_____
_____
_____
_____
_____
_____
_____

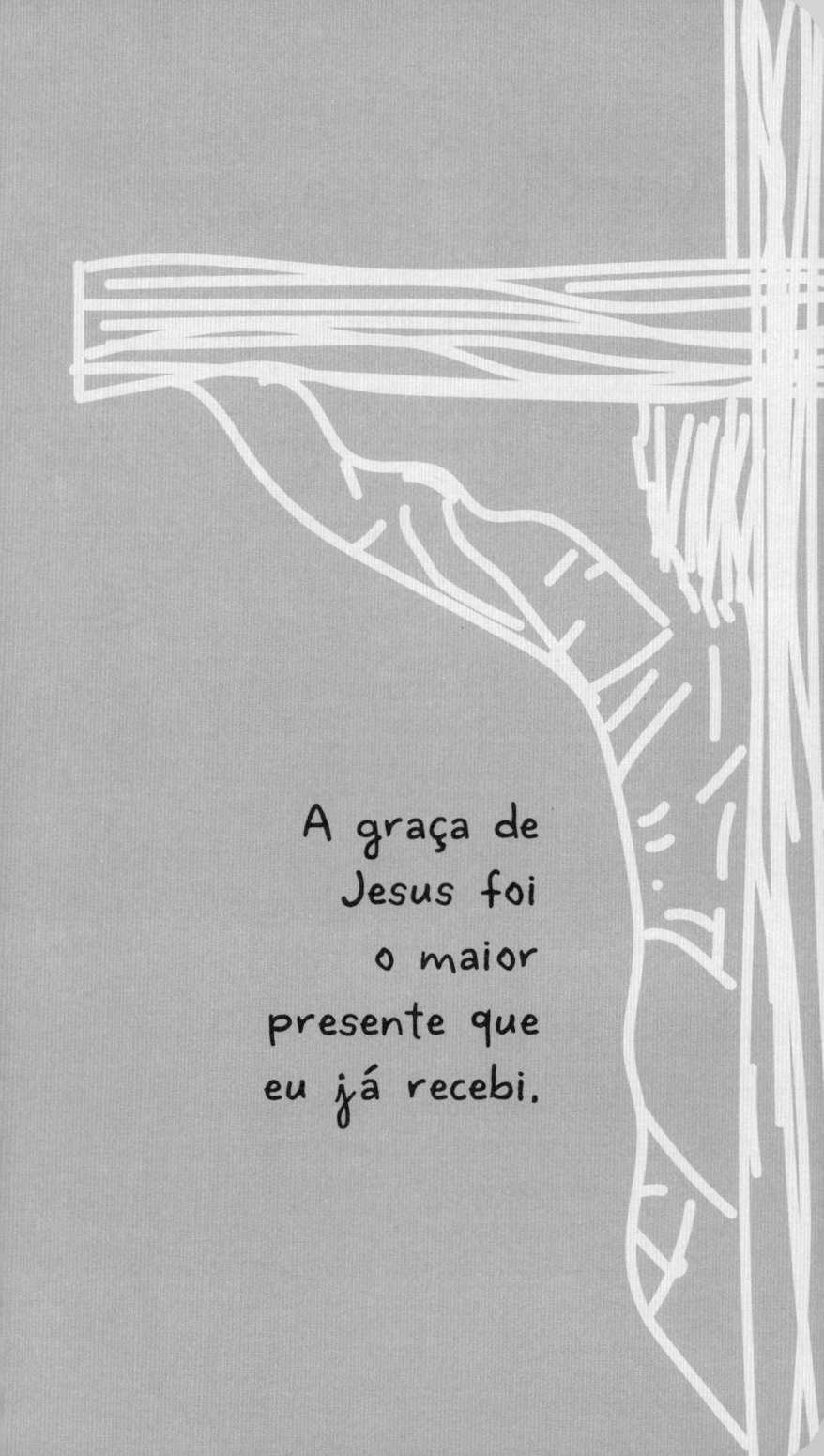

A graça de Jesus foi o maior presente que eu já recebi.

Atenção: faça este desafio de manhã!

Antes de começar o dia de hoje, você precisa de um *detox*! Não sei se gosta de tomar esse tipo de suco (eu não gosto muito não), mas esta receita é diferente, e você vai amar!

Segue aqui, em primeira mão, a receita do meu tradicionalíssimo *detox* do coração.

Ingredientes:

- Coisas que te fazem lembrar momentos dolorosos
- Seu celular
- Bíblia
- Perdão

Modo de preparo:

Para começar, abra o baú, a caixa de lembranças, seja o que for, e pegue tudo aquilo que faz você se lembrar só de coisas ruins. Ah, não se esqueça, é claro, de todas as fotos, mensagens e notas que carregam esse tipo de lembrança no seu celular (talvez até em seu computador também). Em seguida, pegue uma porção generosa de perdão e entregue a cada pessoa que tenha ferido seu coração de alguma forma – qualquer uma que vier à sua mente neste momento.

Agora jogue todas essas coisas fora! Sim, sem dó. Exceto itens que possam ser doados, para ajudar outras pessoas. Coloque no lixão (ou delete virtualmente) tudo o que remete ao passado.

Hum, acho que está ficando muito bom! O próximo passo é pegar a sua Bíblia e abrir em Isaías 43.18,19. Sim, sim, algo fresco está no forno... algo novo (para acompanhar esse suquinho, haha). Consegue perceber?

Já provei e aprovei essa receita! E você, gostou?

Pra completar o seu detox, pegue todas as coisas verdes que você achar e bata no liquidificador (pode colocar um pouco de água para ajudar)!

Depois, é só pingar, pintar ou até mesmo JOGAR, aqui nesta página, a mistura verde!

Quais são aqueles versículos que te enchem de ânimo, felicidade e inspiração toda vez que você os lê?

Anote aqui embaixo e ao lado todos que lembrar agora.

Volte aqui e leia sempre que precisar.

Sei que pode não parecer verdade, mas todas as vezes que você é grato, torna-se um pouco mais feliz. E quanto mais feliz fica, mais grato se torna!!

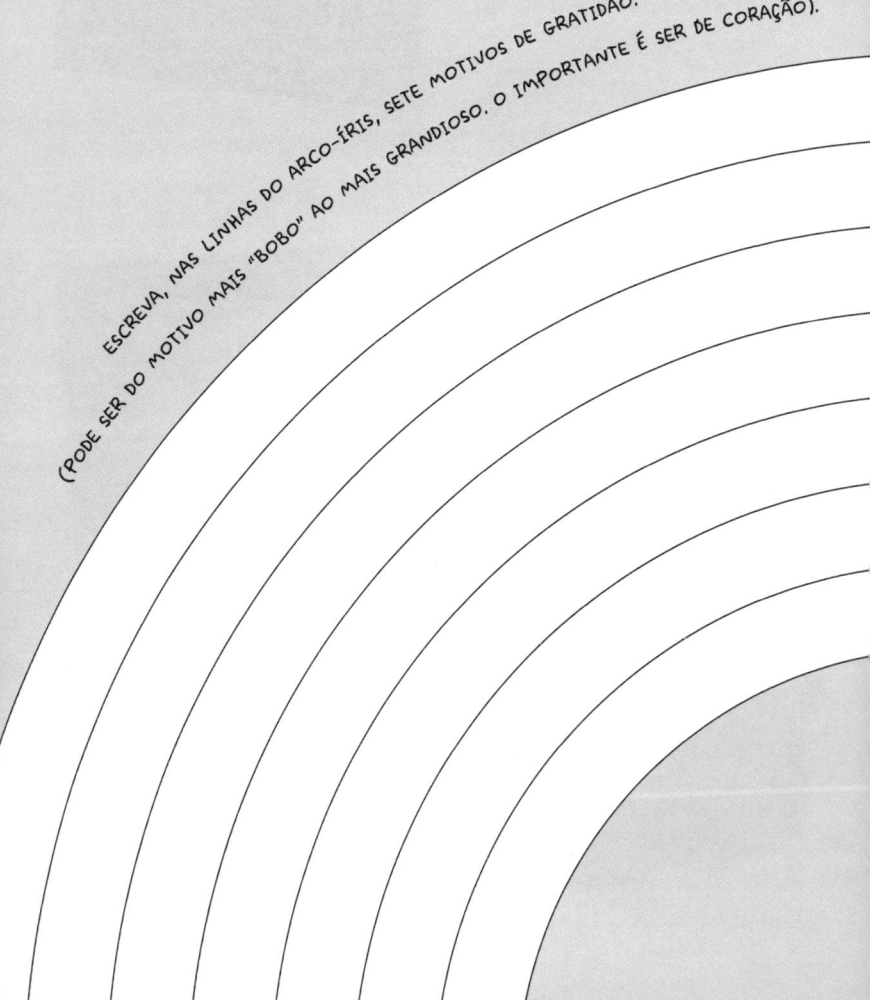

ESCREVA, NAS LINHAS DO ARCO-ÍRIS, SETE MOTIVOS DE GRATIDÃO.
(PODE SER DO MOTIVO MAIS "BOBO" AO MAIS GRANDIOSO. O IMPORTANTE É SER DE CORAÇÃO).

Então... o que custa buscar um pouco de felicidade hoje?

FEITO ISSO, USE AS SETE CORES DO ARCO-ÍRIS (VERMELHO, LARANJA, AMARELO, VERDE, AZUL, ANIL E ROXO) PARA COLORIR OS ESPAÇOS ABAIXO.

FAÇA O SEGUINTE:

1. Anote três fatos sobre você:
   _____
   _____
   _____

2. Agora escreva três coisas realmente profundas a seu respeito:
   _____
   _____
   _____

3. Olhe-se no espelho ou na selfie do seu celular.

4. Veja quem você é.

5. Agora esqueça tudo o que você anotou e viu.

6. Vire a página.

7. Medite em cada uma das passagens abaixo:

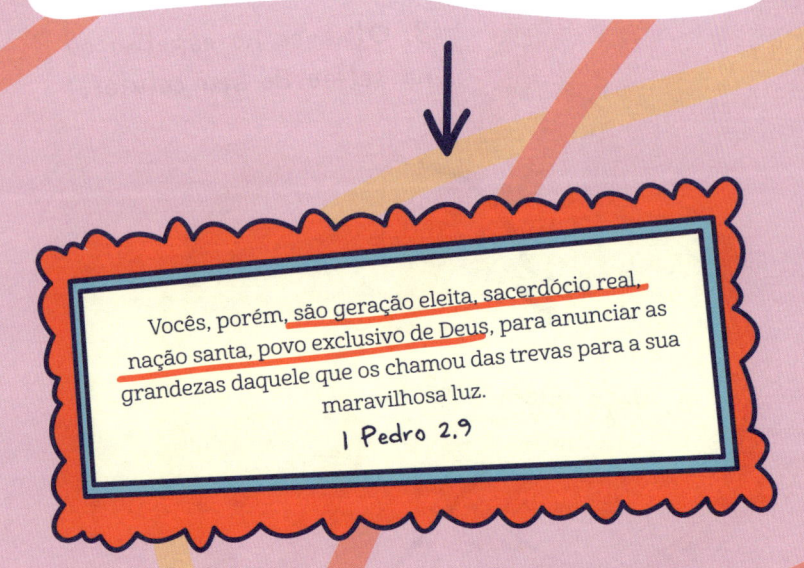

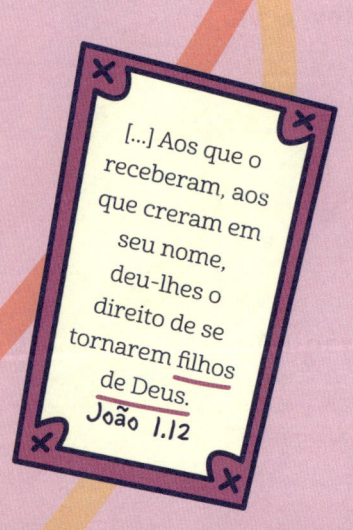

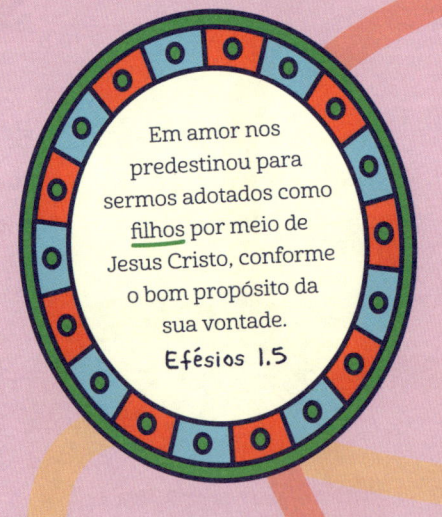

Vocês, porém, são geração eleita, sacerdócio real, nação santa, povo exclusivo de Deus, para anunciar as grandezas daquele que os chamou das trevas para a sua maravilhosa luz.
1 Pedro 2.9

Em amor nos predestinou para sermos adotados como filhos por meio de Jesus Cristo, conforme o bom propósito da sua vontade.
Efésios 1.5

[...] Aos que o receberam, aos que creram em seu nome, deu-lhes o direito de se tornarem filhos de Deus.
João 1.12

Criou Deus o homem à sua imagem, à imagem de Deus o criou; homem e mulher os criou.
Gênesis 1.27

Portanto, se alguém está em Cristo, é nova criação. As coisas antigas já passaram; eis que surgiram coisas novas!
2 Coríntios 5.17

Tu criaste o íntimo do meu ser e me teceste no ventre de minha mãe.
Eu te louvo porque me fizeste de modo especial e admirável. Tuas obras são maravilhosas! Disso tenho plena certeza.
Salmos 139.13,14

Obs.: Muitas vezes, nós nos olhamos no espelho e vemos uma imagem distorcida; isso acontece quando nos esquecemos das verdades que o Pai Celestial afirma sobre cada um de nós.

Agora que você já meditou naquilo que é verdadeiro a seu respeito, volte a se olhar no espelho (ou na selfie). Notou alguma diferença?

VOCÊ JÁ PENSOU NO QUE FAZER QUANDO CHEGAR AO CÉU?

Eu tenho muitas ideias...

Quero:
- ○ Abraçar Jesus!!
- ○ Ter um leão rosa pink.
- ○ Surfar em uma onda de lava.
- ○ Dançar com Jesus sobre as águas
  (porque dançar é muito mais legal que caminhar, concorda?).

AGORA É A SUA VEZ!

O que você pensa em fazer quando chegar ao Céu?

Use a imaginação para responder a essa pergunta. Desenhe, pinte, rabisque, monte uma colagem ou qualquer outra coisa que demonstre o que você quer fazer lá na Pátria Celestial.

Amasse (amasse bem!! Pode até esmurrar) uma nota de cinco reais e cole-a aqui.

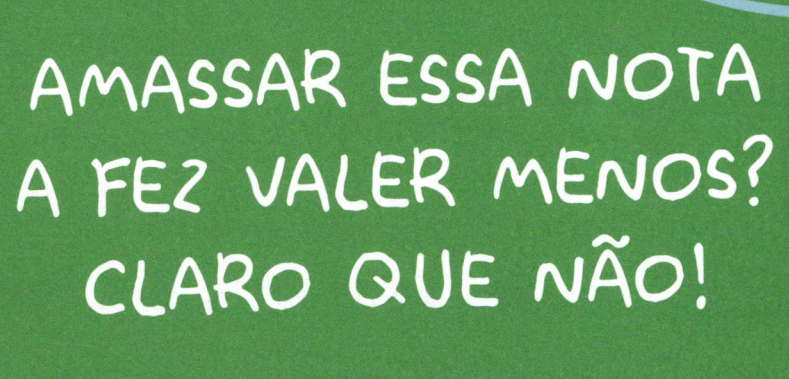

AMASSAR ESSA NOTA A FEZ VALER MENOS? CLARO QUE NÃO!

O mesmo acontece comigo e com você: por mais que várias situações da vida nos "amassem", ainda assim não nos fazem perder o valor. Se uma simples nota de dinheiro continua valendo o mesmo, por mais que tenha sido esmagada e socada, imagine nós, que fomos comprados pelo sangue de Jesus!

> "Mas o fruto do Espírito é amor, alegria, paz, paciência, amabilidade, bondade, fidelidade, mansidão e domínio próprio."
> — GÁLATAS 5.22-23a

MANSIDÃO
FIDELIDADE
DOMÍNIO PRÓPRIO
AMABILIDADE
PACIÊNCIA
ALEGRIA
BONDADE
AMOR
PAZ

QUAIS CARACTERÍSTICAS DO FRUTO DO ESPÍRITO VOCÊ TEM MANIFESTADO NOS ÚLTIMOS DIAS? SEJA SINCERO.

- [ ] Amor
- [ ] Alegria
- [ ] Paz
- [ ] Paciência
- [ ] Amabilidade
- [ ] Bondade
- [ ] Fidelidade
- [ ] Mansidão
- [ ] Domínio próprio

Em oração a Deus, apresente os espaços que você não preencheu e peça a ajuda dele. Que você seja cheio do Espírito Santo e assim expresse o seu fruto por completo!

CONTE AQUI (DUAS) SITUAÇÕES EM QUE VOCÊ PODERIA TER MANIFESTADO O FRUTO DO ESPÍRITO, MAS NÃO CONSEGUIU. O QUE FARIA <u>DIFERENTE</u>?

1

2

AMOR

Abra a Bíblia em 1 Coríntios 13 para entender melhor a respeito do amor. Você sabe quem demonstrou amor de forma grandiosa na história da humanidade? (Dica: leia João 3.16). Anote o nome dele:

....

FIDELIDADE

Quantas vezes já não ouvimos que Deus é fiel?! Essa é a mais pura das verdades, e nós devemos buscar ser assim também. Leia 1 Coríntios 10.13 e medite nesse texto.

BONDADE

Não devemos retribuir o mal com o mal, mas sermos sempre bondosos com todas as pessoas (cf. 1 Tessalonicenses 5.15). Existe alguém que você conhece de perto e é um bom exemplo de bondade? Escreva o nome dessa pessoa:

....

FRUTO DO

Encontramos plenamente na presença de Deus! (Confira Salmos 16.11)

DOMÍNIO PRÓPRIO

Também conhecido como autocontrole, deve dominar sobre nossos desejos, sentimentos e atitudes. Escreva o que a Palavra diz em Provérbios 25.28:

....
....
....

ESPÍRITO

PACIÊNCIA

A Bíblia conta a história do homem que foi considerado o + paciente da Terra. Pesquise até descobrir de quem estou falando e anote o nome dele:

....

_____

Não demonstramos essa característica do fruto do Espírito quando agimos com violência, agressividade, grosseria.

AMABILIDADE

Mostramos que somos amáveis quando agimos gentilmente com as pessoas ao nosso redor. Abra a sua Bíblia em Provérbios 15.4 e copie o que está escrito:

....
....
....

PAZ

Como cristãos cheios do Espírito Santo, precisamos carregar paz por todo canto (sim, sei que pode ser difícil às vezes!). Procure três versículos sobre esse assunto e coloque as referências bíblicas:

....
....
....

E você sabe qual é o segredo para ter todas as características do fruto do Espírito?

SER CHEIO DO ESPÍRITO SANTO!

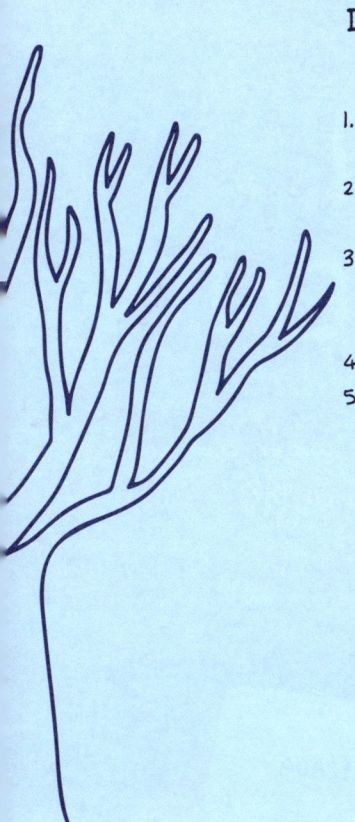

Imagine que você é uma árvore e complete o desenho comigo.

1. Leia Salmos 1 e 119.9-16, depois pinte uma corrente de águas perto dessa árvore.
2. Desenhe raízes profundas e uma camada de terra rente à base do tronco.
3. Agora faça gotinhas de água fluindo do rio, por baixo da terra, até a raiz da árvore, subindo pelo tronco e pelos galhos.
4. Desenhe a copa da árvore e várias tangerinas nela.
5. Depois que terminar o desenho, faça setinhas com as indicações:
   * Água = Espírito Santo
   * Árvore = você
   * Tangerina = fruto do Espírito

COMIDA de CRENTE

O que você mais gosta de comer com seus amigos depois do culto?

Faça uma lista comigo; eu começo e você termina:

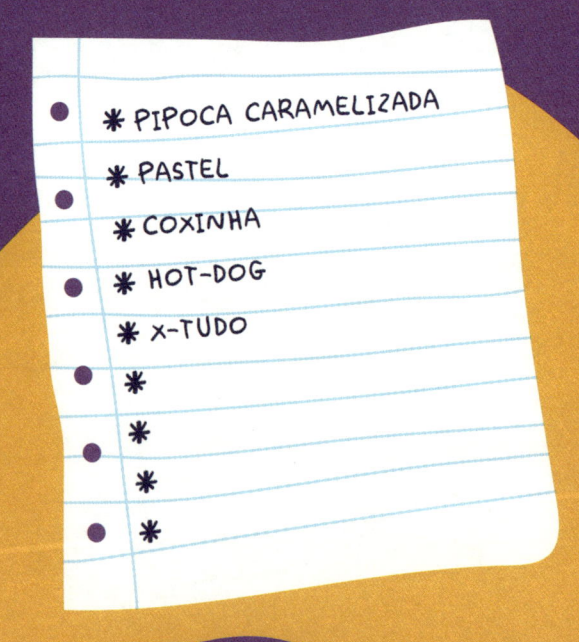

- ✱ PIPOCA CARAMELIZADA
- ✱ PASTEL
- ✱ COXINHA
- ✱ HOT-DOG
- ✱ X-TUDO
- ✱
- ✱
- ✱
- ✱

CRENTE GOSTA DE COMER, NÉ?!

A gente só não pode esquecer que o alimento espiritual também é importantíssimo!

Agora bora fazer uma lista de comidas espirituais:

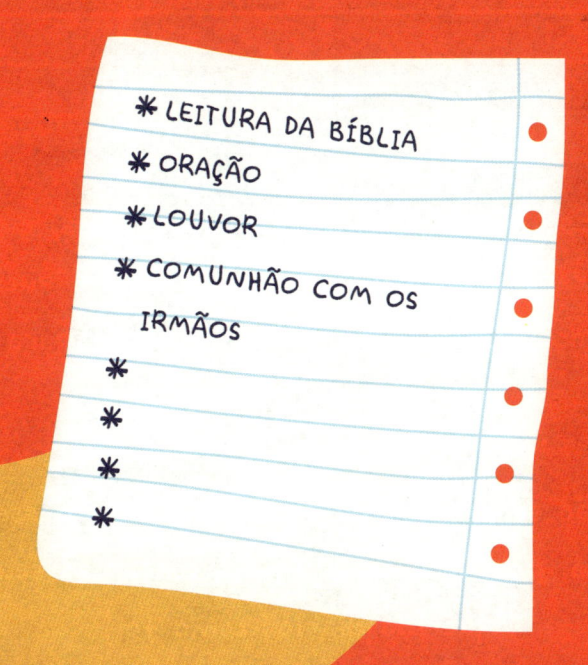

- ✱ LEITURA DA BÍBLIA
- ✱ ORAÇÃO
- ✱ LOUVOR
- ✱ COMUNHÃO COM OS IRMÃOS
- ✱
- ✱
- ✱
- ✱

E QUAIS SÃO AS SUAS COMIDAS PREFERIDAS DA VIDA?

_____
_____
_____
_____
_____

Escolha uma delas, a mais gostosa, e prepare para um amigo! A ideia é que vocês tenham um tempo especial para comerem juntos.

Não se esqueça de tirar uma foto desse dia, pra você colar aqui e contar ao seu "querido diário" como foi!

[cole a foto aqui]

Faça este diário ser ainda mais seu!

VOCÊ VAI MUDAR, DESENHAR, CUSTOMIZAR A CAPA DESTE LIVRO!

Deixe bem do seu jeitinho... Pode usar a imaginação à vontade: pinte, rabisque, adicione colagens, desenhos, *lettering*, tudo o que quiser!

VOCÊ SÓ VAI COMEMORAR A REALIZAÇÃO DE SUAS METAS AMANHÃ SE AGIR HOJE!

Qual foi a sua melhor experiência com Deus? Aquela que é só lembrar para ficar com saudade e vontade de viver aquilo outra vez. Escreva sobre esse momento maravilhoso:

_____
_____
_____
_____
_____
_____
_____

E qual foi a sua última experiência com o Pai?

_____
_____
_____
_____
_____
_____
_____

Muitas vezes, a gente se apega demais "àquela memória", a experiências antigas, sendo que o Senhor sempre tem uma porção nova e especial para cada um de nós — todo dia ele quer nos encontrar! Não se esqueça de ser grato pelo que já viveu e, ao mesmo tempo, manter-se sedento pelo Espírito Santo hoje!

As misericórdias do Senhor se renovam a cada manhã, então que tal ter uma experiência nova com Jesus agora?

Conte sobre esse novo encontro:

_____
_____
_____
_____
_____
_____
_____
_____
_____
_____

TOPA UM DESAFIO?

Não sei você, mas eu particularmente aaaaamo escrever e receber cartas!

Gosto tanto disso, que quero desafiar você a escrever uma carta de Jesus para alguém. E caso se pergunte: "mas o que Jesus diria?", é só abrir a sua Bíblia, que irá encontrar páginas e mais páginas que expressam o coração e a mente dele.

OBS.: A carta será escrita no verso da próxima página, porque depois que você terminar o texto, irá arrancar a página, confeccionar um aviãozinho de origami com ela e **fazê-la voar** até alguém!

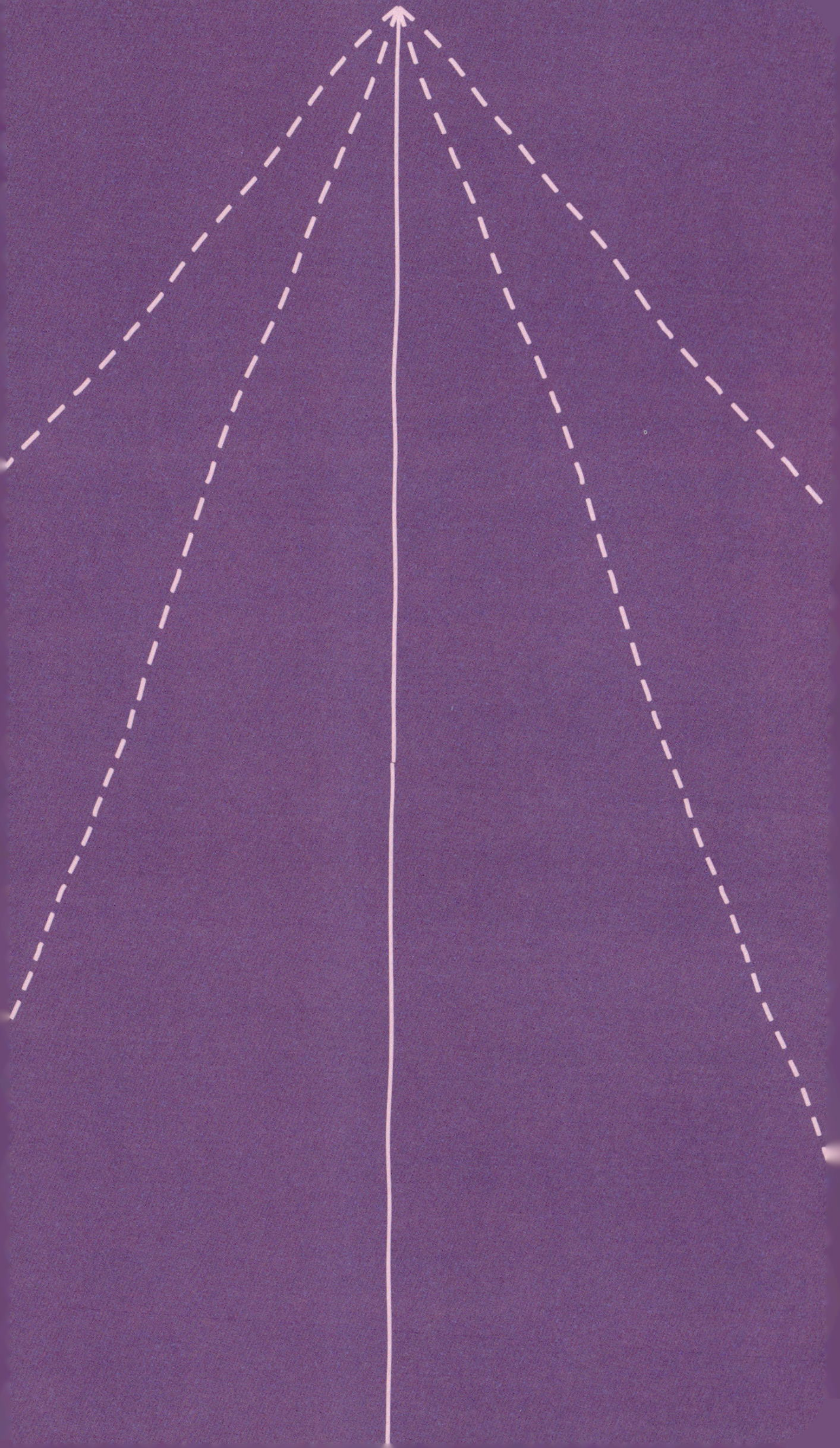

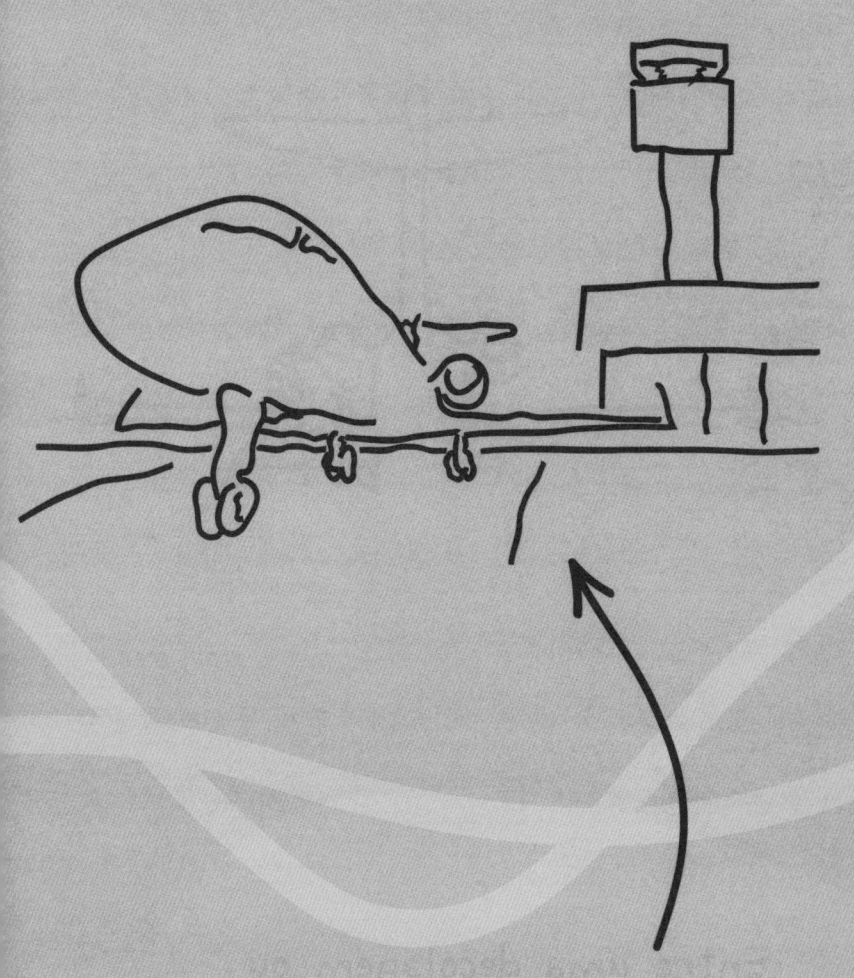

Um avião estacionado no aeroporto está seguro, mas ele não foi feito para isso!

Entre uma decolagem ou outra, um avião precisa estacionar, seja para abastecer ou passar por pequenos reparos...

... mas seu propósito é voar, levar pessoas em direção ao céu!

QUAL É O SEU LOUVOR FAVORITO?

POR QUÊ?

_____
_____
_____

Quer saber o meu? É só escanear este **QR Code** para descobrir.

Qual é a playlist perfeita para passar o dia todo bem pertinho de Jesus?

[Lembre-se de colocar louvores bem-animados também, hein?! Ele é alegre e, como bem sabemos: "... a alegria do Senhor é a nossa força!".]

Neemias 8.10b

Todos os dias vivemos milhões de milagres!

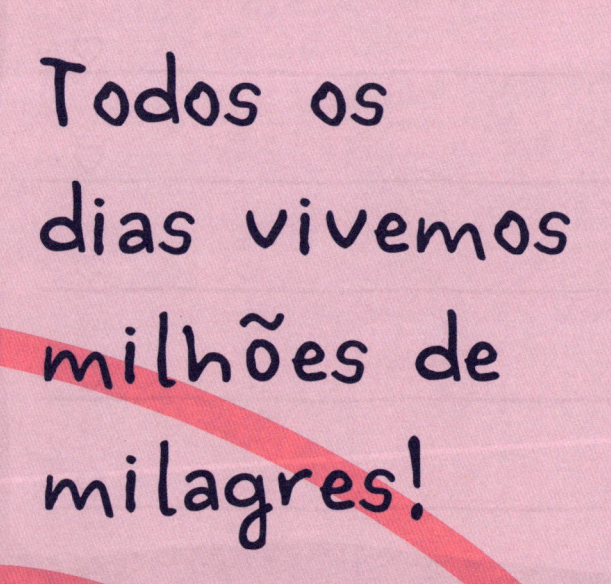

Nos pequenos detalhes, DEUS demonstra seu CUIDADO e AMOR por nós!

Use a página seguinte para escrever sobre a sua maior dor.
Só você e Deus vão saber; sabe por quê? Porque você vai escrever de uma maneira diferente!
Vamos lá...

* Pegue um cotonete (hastes flexíveis, né?! Mas quem fala assim? kkkk) e um limão.

* Corte o limão ao meio e o esprema dentro de um copinho, depois mergulhe a ponta do cotonete lá dentro, deixando o algodão bem molhado.

* Então é só escrever, e ninguém vai conseguir ler.

[Se, por acaso, você quiser ler ou mostrar esta página para alguém, é só passar o ferro quente em cima da folha, assim vai aparecer tudo o que está escrito. Mas ah... Vire a página!]

Enquanto o mundo tenta colocar um ferro quente em suas feridas, para expor você, Cristo veio à Terra e derramou seu sangue para salvar a sua vida!

Jesus não fez um cartaz com seus pecados e dores. Ele os tomou sobre si, pra te libertar e curar!

Certamente ele tomou sobre si as nossas enfermidades e sobre si levou as nossas doenças, contudo nós o consideramos castigado por Deus, por ele atingido e afligido.

Mas ele foi transpassado por causa das nossas transgressões, foi esmagado por causa de nossas iniquidades; o castigo que nos trouxe paz estava sobre ele, e pelas suas feridas fomos curados.

Todos nós, tal qual ovelhas, nos desviamos, cada um de nós se voltou para o seu próprio caminho; e o Senhor fez cair sobre ele a iniquidade de todos nós. (Isaías 53.4-6)

Anote,
na próxima página,
todas as coisas boas
que você ouvir
ou falar ao longo
do dia.

Depois, recorte todas
essas frases em
tirinhas e entregue
para pessoas na
rua, no colégio, no
supermercado, em
todo lugar.

Você ainda não recortou? Não acredito! Volte lá e vá fazer... hahaha

> [...] AME O SEU PRÓXIMO COMO A SI MESMO.

Mateus 22.39

Você já ouviu falar sobre os quatro temperamentos?

É mais ou menos assim...

Sanguíneo: superanimado, ama estar com pessoas, impulsivo, comunicativo, exagerado.

Fleumático: tranquilo, introvertido, evita confusão, eficiente, diplomata.

Cada pessoa tem o seu temperamento, com seus pontos fortes e fracos. O importante é ser compreensivo com quem é diferente de você, conhecer a si mesmo e superar as próprias dificuldades, para se tornar a sua melhor versão!

Colérico: determinado, líder, corajoso, prático, otimista.

Melancólico: sensível, quietinho, leal, dedicado, detalhista.

Recomendo que procure estudar mais sobre esse assunto, é muito interessante!

MARQUE UM X NAS CARACTERÍSTICAS QUE VOCÊ TEM:

Sanguíneo
( ) Comunicativo
( ) Destacado
( ) Inseguro
( ) Cordial
( ) Medroso
( ) Compreensível
( ) Bom companheiro

Colérico
( ) Decidido
( ) Líder nato
( ) Orgulhoso
( ) Crítico
( ) Vaidoso
( ) Confiante
( ) Independente

Fleumático
( ) Bom ouvinte
( ) Paciente
( ) Calmo
( ) Satisfeito
( ) Desconfiado
( ) Tranquilo

Melancólico
( ) Teimoso
( ) Quieto
( ) Confiável
( ) Seguro
( ) Organizado
( ) Analítico

E aí, em qual deles você marcou o maior número de X?
_____

Esse temperamento é o que mais tem a sua cara? Por quê?
_____
_____
_____

Faça uma lista com as cinco pessoas mais próximas a você e seus possíveis temperamentos:

Já pensou em viajar no tempo? Bora lá!

Procure fotos da sua infância e observe atentamente até encontrar, pelo menos, cinco características suas que se destacam. Repare em suas expressões, em seu jeito, em seu estilo.

_____
_____
_____
_____
_____
_____
_____
_____
_____
_____
_____
_____
_____
_____
_____

Use esta página para colar foto, desenho ou qualquer coisa que demonstre suas características principais quando criança.

VIRE A PÁGINA →

Observando as fotos na página anterior, notou se há algum traço da sua personalidade que foi perdido ao longo do tempo?

<u>Reflita.</u> <u>Ore.</u> Escreva sobre essa pequena viagem no tempo.

_____
_____
_____
_____
_____
_____
_____
_____
_____
_____
_____
_____
_____
_____
_____
_____

VOCÊ FOI CRIADO DE MANEIRA ÚNICA E INCRÍVEL!

Desde pequenininho, já carregava originalidade, traços que só você tem! Por isso, não permita que sua identidade se perca...

SEJA VOCÊ, SEMPRE!

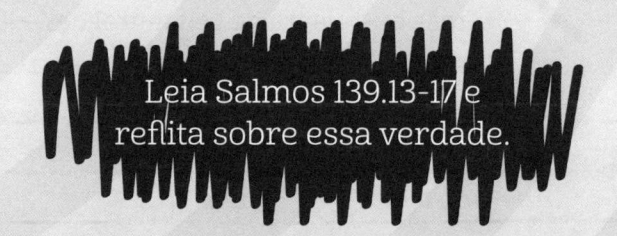

Leia Salmos 139.13-17 e reflita sobre essa verdade.

Agora tenho dois desafios para você:

1º) Faça um mural de inspiração com frases, desenhos ou imagens que representam o que Deus afirma sobre você. Depois coloque-o num lugar estratégico para ler todos os dias, ou espalhe *post-its* com esses lembretes pela casa.

2º) Tire algumas fotos com roupas e acessórios que reflitam sua identidade; escolha as que preferir e poste nas redes sociais. Use alguma frase ou palavra do seu mural de inspiração como legenda (com a #construaseudiario).

[Cole sua foto preferida aqui]

Eu aaamo a Palavra de Deus, ela é simplesmente o nosso manual de vida!

Lá em Isaías 40.8, você vai descobrir que a Palavra de Deus dura para sempre (já pensou? NÃO TEM FIM!).

Em Hebreus 4.12, você vai entender que ela é viva e poderosa (é isso mesmo? Uma palavra viva e poderosa? Sim, pois é!).

Em Salmos 119.105, você vai aprender que as Escrituras são luz para o nosso caminho (e que luz!!).

Fora isso, existe ainda um monte de curiosidades bíblicas, sabia? Eu comecei a pesquisar sobre o assunto e me empolguei TANTO, que gravei uma série de *Curiosidades sobre a Bíblia!*

Quer ver??

Escaneie este QR Code, assista tudo e escreva aqui sobre o seu episódio favorito!

_____

_____

_____

Qual é a importância da
Bíblia para você?
_____
_____

E quantas você tem?
_____

Qual delas é a sua preferida
(sua parceira!) e por quê?
_____
_____

Eu sei que a Bíblia é um livro bem grande. Na verdade, é uma junção de **66 livros!** MAAAS confie em mim: dá pra mergulhar nela e finalmente bater a meta de ler a Bíblia inteiraaaaaaa (mesmo que você já tenha lido alguma vez antes)!

Então... já que esse diário foi feito para desafiar e ajudar você a se tornar ainda melhor, pensei em lermos a Bíblia toda juntos, seguindo o mesmo plano de leitura (ah, e mais do que ler, **vamos viver** tudo que lemos!).

Sua missão é fazer duas coisas...
[Encontre os desafios na próxima página.]

Desafios

1 Corte as próximas quatro páginas [plano de leitura] e coloque-as dobradas dentro da sua Bíblia. Você também pode colar na parede do seu quarto ou, se precisar, COLAR ATÉ NA SUA TESTA!

> Obs.: Se quiser ter a versão digital no seu celular, é só abrir este QR Code e baixar o seu.

LEIA! 😂

2 A gente vai se ajudar com isso, ok? Vou postar foto da minha Bíblia com o plano de leitura, e você também! Faça o seguinte: mande mensagens para mim e para seus amigos, lembrando todo mundo de ler os capítulos do dia; é como dizem: "ninguém solta a mão de ninguém!". Kkkkkk

	JANEIRO		FEVEREIRO		MARÇO
01	Gn 1-2	01	Gn 41	01	Lv 1-2
02	Gn 3-5	02	Gn 42	02	Lv 3-4
03	Gn 6-7	03	Gn 43	03	Lv 5-6
04	Gn 8-10	04	Gn 44	04	Lv 7-8
05	Gn 11	05	Gn 45:1-46:27	05	Lv 9-10
06	Gn 12	06	Gn 46:28-47:31	06	Lv 11-12
07	Gn 13-14	07	Gn 48	07	Lv 13
08	Gn 15	08	Gn 49-50	08	Lv 14
09	Gn 16	09	Ex 1-2	09	Lv 15-16
10	Gn 17	10	Ex 3-4	10	Lv 17-18
11	Gn 18	11	Ex 5:1-6:27	11	Lv 19
12	Gn 19	12	Ex 6:28-8:32	12	Lv 20-21
13	Gn 20	13	Ex 9-10	13	Lv 22-23
14	Gn 21	14	Ex 11-12	14	Lv 24-25
15	Gn 22	15	Ex 13-14	15	Lv 26-27
16	Gn 23	16	Ex 15	16	Nm 1-2
17	Gn 24	17	Ex 16-17	17	Nm 3-4
18	Gn 25	18	Ex 18-19	18	Nm 5-6
19	Gn 26	19	Ex 20-21	19	Nm 7-8
20	Gn 27.1-45	20	Ex 22-23	20	Nm 9-10
21	Gn 27.46-28.22	21	Ex 24	21	Nm 11-12
22	Gn.29.1-30	22	Ex 25-27	22	Nm 13-14
23	Gn 29.31-30.43	23	Ex 28-29	23	Nm 15-16
24	Gn 31	24	Ex 30-32	24	Nm 17-18
25	Gn 32-33	25	Ex 33-34	25	Nm 19-20
26	Gn 34	26	Ex 35-36	26	Nm 21
27	Gn 35-36	27	Ex 37-38	27	Nm 22:1-40
28	Gn 37	28	Ex 39-40	28	Nm 22:41-23:26
29	Gn 38			29	Nm 23:27-24:25
30	Gn 39			30	Nm 25-27
31	Gn 40			31	Nm 28-29

[Se você acabou de abrir seu diário e caiu nesta página, parabéns! Aqui começa o dia 1/365 do nosso plano de leitura da Bíblia; bora ler juntos!]

[Esta é a página 2/4 do nosso plano de leitura; pegue todas as quatro páginas e vamos ler a Bíblia, povo de Deus!]

	ABRIL			MAIO			JUNHO
01	Nm 30-31		01	Js 22		01	1Sm 16
02	Nm 32-34		02	Js 23-24		02	1Sm 17:1-54
03	Nm 35-36		03	Jz 1		03	1Sm 17:55-
04	Dt 1-2		04	Jz 2-3		04	1Sm 19
05	Dt 3-4		05	Jz 4-5		05	1Sm 20
06	Dt 5-6		06	Jz 6		06	1Sm 21-22
07	Dt 7-8		07	Jz 7-8		07	1Sm 23-24
08	Dt 9-10		08	Jz 9		08	1Sm 25
09	Dt 11-12		09	Jz 10:1-11:33		09	1Sm 26
10	Dt 13-14		10	Jz 11:34-12:15		10	1Sm 27-28
11	Dt 15-16		11	Jz 13		11	1Sm 29-31
12	Dt 17-18		12	Jz 14-15		12	2Sm 1
13	Dt 19-20		13	Jz 16		13	2Sm 2:1-3:1
14	Dt 21-22		14	Jz 17-18		14	2Sm 3:2-39
15	Dt 23-24		15	Jz 19		15	2Sm 4-5
16	Dt 25-27		16	Jz 20		16	2Sm 6
17	Dt 28		17	Jz 21		17	2Sm 7-8
18	Dt 29-30		18	Rt 1-2		18	2Sm 9-10
19	Dt 31-32		19	Rt 3-4		19	2Sm 11-12
20	Dt 33-34		20	1Sm 1:1-2:11		20	2Sm 13
21	Js 1-2		21	1Sm 2:12-2:36		21	2Sm 14
22	Js 3:1-5:1		22	1Sm 3		22	2Sm 15
23	Js 5:2-6:27		23	1Sm 4-5		23	2Sm 16
24	Js 7-8		24	1Sm 6-7		24	2Sm 17
25	Js 9-10		25	1Sm 8		25	2Sm 18
26	Js 11-12		26	1Sm 9:1-10:16		26	2Sm 19
27	Js 13-14		27	1Sm 10:17-11:15		27	2Sm 20-21
28	Js 15-17		28	1Sm 12		28	2Sm 22
29	Js 18-19		29	1Sm 13		29	2Sm 23
30	Js 20-21		30	1Sm 14		30	2Sm 24
			31	1Sm 15			

JULHO		AGOSTO		SETEMBRO	
01	1Rs 1	01	2Rs 12-13	01	2Cr 6
02	1Rs 2	02	2Rs 14	02	2Cr 7
03	1Rs 3	03	2Rs 15-16	03	2Cr 8
04	1Rs 4-5	04	2Rs 17	04	2Cr 9
05	1Rs 6	05	2Rs 18	05	2Cr 10-11
06	1Rs 7	06	2Rs 19	06	2Cr 12-13
07	1Rs 8	07	2Rs 20-21	07	2Cr 14-15
08	1Rs 9	08	2Rs 22:1-23:34	08	2Cr 16-17
09	1Rs 10	09	2Rs 23:35-24:20	09	2Cr 18
10	1Rs 11	10	2Rs 25	10	2Cr 19
11	1Rs 12:1-31	11	1Cr 1-2	11	2Cr 20:1-21:1
12	1Rs 12:32-13:34	12	1Cr 3-4	12	2Cr 21:2-22:12
13	1Rs 14	13	1Cr 5-6	13	2Cr 23
14	1Rs 15:1-32	14	1Cr 7-8	14	2Cr 24
15	1Rs 15:33-16:34	15	1Cr 9	15	2Cr 25
16	1Rs 17	16	1Cr 10-11	16	2Cr 26
17	1Rs 18	17	1Cr 12	17	2Cr 27-28
18	1Rs 19	18	1Cr 13-14	18	2Cr 29
19	1Rs 20	19	1Cr 15:1-16:7	19	2Cr 30
20	1Rs 21	20	1Cr 16:8-43	20	2Cr 31
21	1Rs 22	21	1Cr 17	21	2Cr 32
22	2Rs 1-2	22	1Cr 18-19	22	2Cr 33
23	2Rs 3	23	1Cr 20-21	23	2Cr 34
24	2Rs 4	24	1Cr 22-23	24	2Cr 35
25	2Rs 5	25	1Cr 24	25	2Cr 36
26	2Rs 6:1-7:2	26	1Cr 25-26	26	Ed 1-2
27	2Rs 7:3-20	27	1Cr 27-28	27	Ed 3-4
28	2Rs 8	28	1Cr 29	28	Ed 5-6
29	2Rs 9	29	2Cr 1:1-2:16	29	Ed 7-8
30	2Rs 10	30	2Cr 2:17-5:1	30	Ed 9-10
31	2Rs 11	31	2Cr 5:2-14		

[Esta é a página 3/4 do nosso plano de leitura; se você acabou de abrir o diário e caiu aqui: volte duas páginas e encontre o comecinho do plano.]

[Esta é a página 4/4 do nosso plano de leitura, volte três páginas para encontrar o começo do desafio e vamos ler a Bíblia toda juntos! #DesafioBiblicoDaJey]

	OUTUBRO		NOVEMBRO		DEZEMBRO
01	Ne 1-2	01	Is 36-37	01	Lm 5
02	Ne 3	02	Is 38-39	02	Ez 1
03	Ne 4	03	Jr 1-2	03	Ez 2-3
04	Ne 5:1-7:3	04	Jr 3-4	04	Ez 4-5
05	Ne 7:4-8:12	05	Jr 5-6	05	Ez 6-7
06	Ne 8:13-9:37	06	Jr 7:1-8:17	06	Ez 8-9
07	Ne 9:38-10:39	07	Jr 8:18-10:25	07	Ez 10-11
08	Ne 11	08	Jr 11-12	08	Ez 12-13
09	Ne 12	09	Jr 13-15	09	Ez 14-15
10	Ne 13	10	Jr 16	10	Ez 16
11	Et 1	11	Jr 17-18	11	Ez 17
12	Et 2	12	Jr 19-20	12	Ez 18
13	Et 3-4	13	Jr 21-22	13	Ez 19
14	Et 5:1-6:13	14	Jr 23-24	14	Ez 20
15	Et 6:14-8:17	15	Jr 25-26	15	Ez 21-22
16	Et 9-10	16	Jr 27-28	16	Ez 23
17	Is 1-2	17	Jr 29-30	17	Ez 24
18	Is 3-4	18	Jr 31-32	18	Ez 25-26
19	Is 5-6	19	Jr 33-34	19	Ez 27-28
20	Is 7-8	20	Jr 35-36	20	Ez 29-30
21	Is 9-10	21	Jr 37-38	21	Ez 31-32
22	Is 11-13	22	Jr 39-40	22	Ez 33
23	Is 14-16	23	Jr 41-42	23	Ez 34
24	Is 17-19	24	Jr 43-44	24	Ez 35-36
25	Is 20-22	25	Jr 45-46	25	Ez 37
26	Is 23-24	26	Jr 47-48	26	Ez 38-39
27	Is 25-26	27	Jr 49-50	27	Ez 40-41
28	Is 27-28	28	Jr 51-52	28	Ez 42-43
29	Is 29-30	29	Lm 1-2	29	Ez 44-45
30	Is 31-33	30	Lm 3-4	30	Ez 46-47
31	Is 34-35	31	Nm 28-29	31	Ez 48

EU JÁ × EU NUNCA

[Faça um ✓ em sua resposta]

Orei por alguém que eu não conhecia.
( ) Eu já ( ) Eu nunca

Fui para um acampamento.
( ) Eu já ( ) Eu nunca

Orei com sono e falei besteira (eu já, inclusive pedi pra Deus abençoar meus pecados. KKKK)
( ) Eu já ( ) Eu nunca

Tive dificuldade para perdoar uma pessoa.
( ) Eu já ( ) Eu nunca

Fui encarado por uma criança na igreja.
( ) Eu já ( ) Eu nunca

Experimentei um milagre em minha vida.
( ) Eu já ( ) Eu nunca

Ri de alguém que estava cantando de um jeito "não tão bonito" no culto.
( ) Eu já ( ) Eu nunca

Achei difícil seguir a vontade de Deus.
( ) Eu já ( ) Eu nunca

Ouvi da minha mãe: "você não é todo mundo".
( ) Eu já ( ) Eu nunca

Experimentei a alegria de ver alguém se tornar cristão.
( ) Eu já ( ) Eu nunca

Quais são seus maiores traumas ou pecados?

Dores e erros são fardos muito pesados para carregarmos sozinhos, **nós não precisamos fazer isso!**

A Palavra diz que: "Se confessarmos os nossos pecados, ele é fiel e justo para **perdoar os nossos pecados e nos purificar** de toda injustiça" (1 João 1.9).

É o sangue de Jesus que nos purifica (cf. 1 João 1.7); por isso, quem está em Cristo vive com leveza e muita paz.

Para experimentar esse alívio, é muito simples! Eu ajudo você:

1) Na próxima página, escreva seus maiores traumas e pecados.
2) Apresente tudo isso em oração a Deus, confesse seus erros e os deixe aos pés da Cruz.
3) Depois, arranque a folha e a destrua como quiser — pode rasgar, amassar, queimar... Destrua essa página para se lembrar que essas coisas foram eliminadas da sua vida!
4) Não se esqueça do que o Senhor diz em Hebreus 10.17: **"Dos seus pecados e iniquidades não me lembrarei mais". Sim, ele perdoou você e nem se lembra mais do que passou!**

Filho(a),

Sei que muitas vezes você pensa que não vai conseguir superar os desafios da vida, mas a verdade é que conseguirá sim, e sabe como?
Comigo!
Porque comigo você é capaz de vencer qualquer obstáculo!

— *Deus*

QUEM EU SOU?

Em Mateus 16.15, Jesus perguntou aos seus discípulos: "Quem vocês dizem que eu sou?".

E "Simão Pedro respondeu: 'Tu és o Cristo, o Filho do Deus vivo'[...]. E eu lhe digo que você é Pedro, e sobre esta pedra edificarei a minha igreja' [...]" (Mateus 16.16-18).

Olha só... Assim que Pedro reconhece quem é Jesus, ele tem sua identidade e destino afirmados por Cristo!

Isso é o que mais importa: ter a identidade firmada no que Jesus declara sobre cada um de nós, não naquilo que pensamos sobre nós mesmos, ou no que as pessoas ao nosso redor dizem.

Assim, podemos até passar por muitas dificuldades, mas se soubermos quem somos de verdade, não seremos abalados por elas.

José, por exemplo, mesmo sendo escravo por um tempo, foi usado para trazer provisão à nação mais rica do mundo! Isso aconteceu porque ele ouvia e obedecia à voz de Deus. Como foi com José, que você prefira identidade em vez de posição.

Não importa se hoje você é um estagiário, um estudante, ou um líder renomado, confie no que o Senhor diz a seu respeito e permita que ele use sua vida para a glória dele!

Lembre-se: não é uma posição que traz identidade a você, e sim as palavras de Deus sobre sua vida!

Faça um boneco (de palitinho mesmo) que represente você...

e cubra esta página com ketchup!

ELE PAGOU TUDO NA CRUZ!

"Nele temos a redenção por meio de seu sangue, o perdão dos pecados, de acordo com as riquezas da graça de Deus."

Efésios 1.7

Quando entregamos nossa vida a Jesus e nos arrependemos dos nossos pecados, somos cobertos (assim como a página anterior, cheia de ketchup!) por seu sangue, que nos purifica completamente e nos faz limpos diante do Pai!

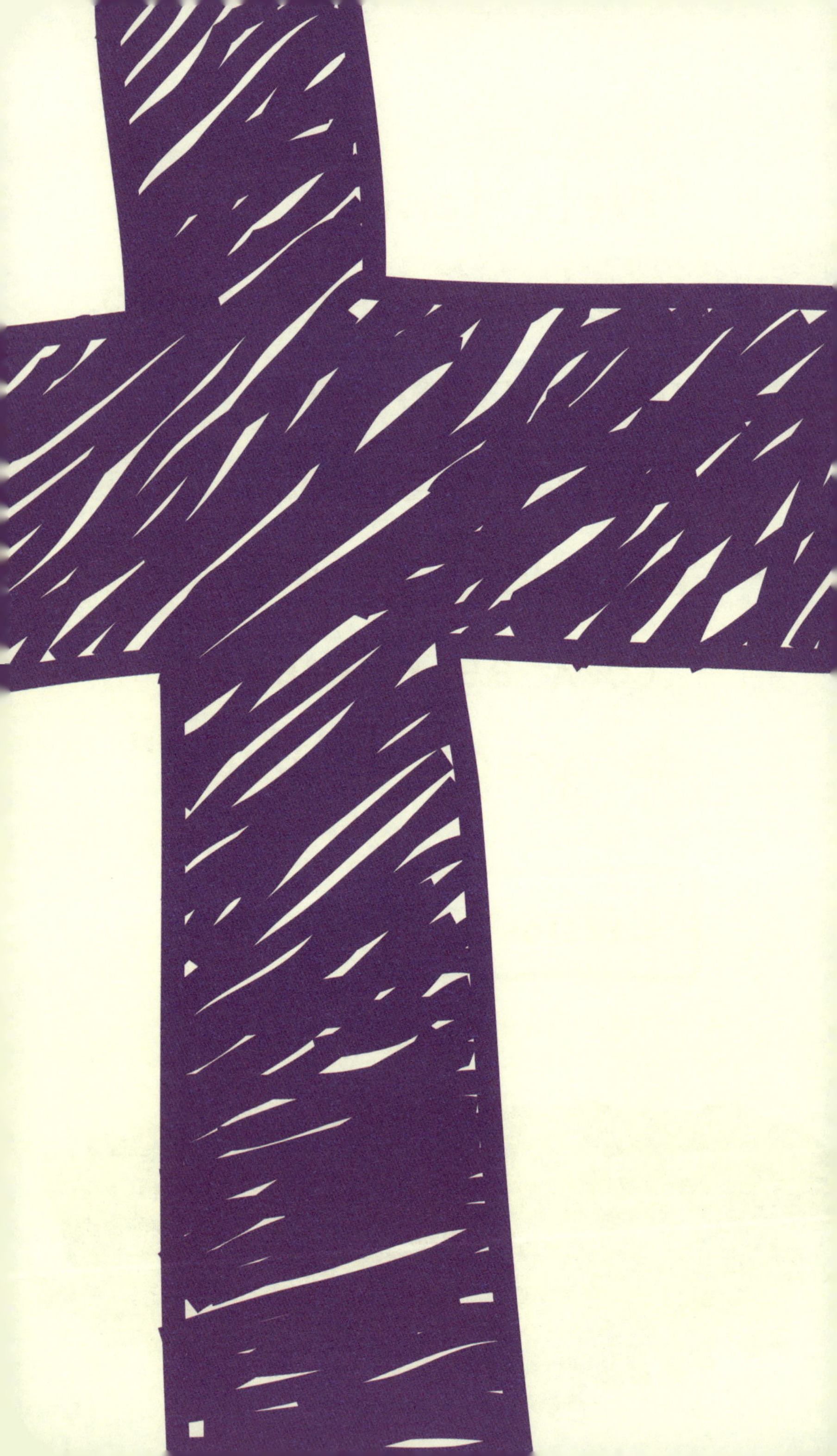

Pois o amor de Cristo nos constrange, porque estamos convencidos de que um morreu por todos; logo, todos morreram.

E ele morreu por todos para que aqueles que vivem já não vivam mais para si mesmos, mas para aquele que por eles morreu e ressuscitou.

De modo que, de agora em diante, a ninguém mais consideramos do ponto de vista humano. Ainda que antes tenhamos considerado a Cristo dessa forma, agora já não o consideramos assim.

"Portanto, se alguém está em Cristo, é nova criação. As coisas antigas já passaram; eis que surgiram coisas novas!"

Tudo isso provém de Deus, que nos reconciliou consigo mesmo por meio de Cristo e nos deu o ministério da reconciliação, ou seja, que Deus em Cristo estava reconciliando consigo o mundo, não lançando em conta os pecados dos homens, e nos confiou a mensagem da reconciliação.
(2 Coríntios 5.14-18)

Aqui está

Imagine que essa é a porta do seu coração...

Conseguiu imaginar?

Agora, em sua mente, você ouve um som. Está ouvindo?

Que tal abri-la? É Jesus quem está batendo!

uma porta.

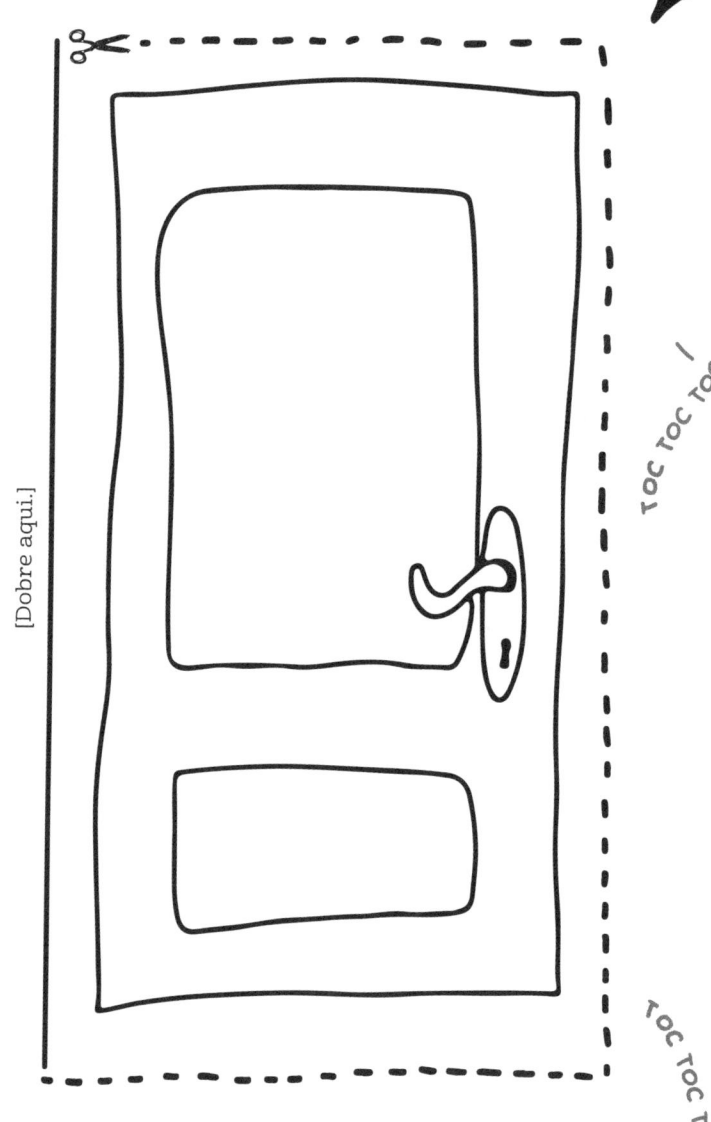

TOC TOC TOC

TOC TOC TOC

[Dobre aqui.]

[Pinte e decore como você preferir.]

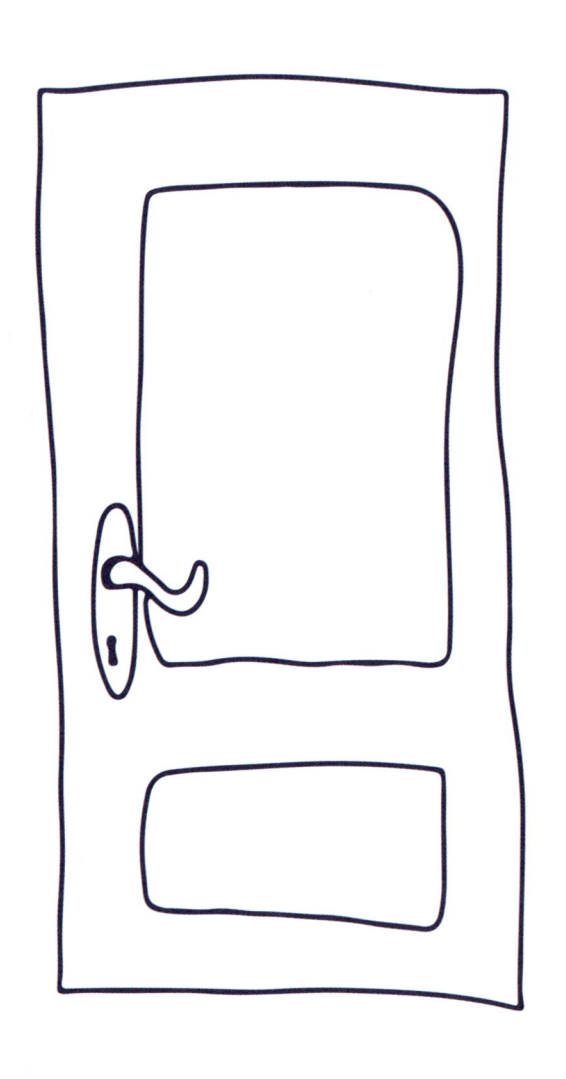

ORE COMIGO:

"Senhor, neste momento, eu abro a porta do meu coração e me entrego a ti. A partir de hoje, minha vida é tua, ajuda-me a levar a tua luz a todas as pessoas que precisam te conhecer. Em nome de Jesus, amém."

Quando você abre a porta do seu coração, Jesus entra!

Como você se imagina daqui a seis meses?

_____
_____
_____
_____
_____
_____
_____

E daqui a um ano?

_____
_____
_____
_____
_____
_____
_____
_____

Vamos além?!
E daqui a cinco anos?

_____
_____
_____
_____
_____
_____
_____
_____

Agora, o que você imagina e planeja para daqui a dez anos?

_____
_____
_____
_____
_____
_____
_____
_____

O que você está plantando hoje para colher amanhã?

A lei da semeadura é real e vale para todos nós: vamos colher de acordo com o que plantarmos! É o que a Palavra diz em Gálatas 6.7:

"[...] O que o homem semear, isso também colherá."

Pensando nisso, liste aqui o que você tem feito para alcançar seus sonhos e objetivos:

* _____
* _____
* _____
* _____
* _____
* _____
* _____
* _____

Tem alguma coisa nessa lista que não está funcionando muito bem e pode ser repensada?

Foque em seu objetivo.
Se o caminho em que está não
tem aproximado você desse alvo,
recalcule a rota!

Que tal repensar a sua lista de ações?!

O que você pode fazer hoje para cumprir as metas
que tem para o futuro?
(Faça uma nova lista aqui embaixo.)

* _____
* _____
* _____
* _____
* _____
* _____
* _____
* _____

Você sabia que, para achar a sua verdadeira identidade, não adianta apenas procurá-la em sua própria mente, em seu coração, ou se olhar no espelho?

SUA IDENTIDADE ESTÁ EM CRISTO!
Quer se conhecer? Conheça a ele!

Jesus é (literalmente) o Único Caminho ao Pai, e o Pai é quem afirma a verdade sobre quem somos!

"EU SOU O CAMINHO, A VERDADE E A VIDA. NINGUÉM VEM AO PAI, A NÃO SER POR MIM." (JOÃO 14.6)

VOCÊ JÁ CHEGOU A LISTAR COISAS QUE DESEJA FAZER ANTES DE MORRER?

Eu já! E aqui vai a minha listinha:

- ☑ Tirar minha CNH
- ☑ Pregar em todos os estados do Brasil
- ☑ Pregar fora do meu país
- ☐ Ver a aurora boreal
- ☐ Casar-me (oi, Deus, sou eu de novo!)
- ☐ Ser mãe
- ☐ Ver o pôr do Sol em todos os continentes do mundo

Iiiih, a lista é longa...

AGORA É A SUA VEZ!

Faça aqui a sua lista de coisas pra realizar antes de morrer.

(Ah, pode dar ✓ no que você já fez!)

Você já se perguntou como ouvir a voz de Deus?

Quero falar algo que pode mudar a sua vida e a maneira como você se relaciona com ele. Tá preparado?

O Senhor deseja falar conosco todos os dias, basta nos aproximarmos dele!

"Clame a mim e eu responderei e direi a você coisas grandiosas e insondáveis que você não conhece."

Jeremias 33.3

Deixo abaixo algumas dicas práticas para ajudar você a perceber que não é difícil ouvir a voz de Deus:

1. Ore. Orar é conversar com Deus, falar coisas para ele e ouvir o que ele diz. Simples assim... Pode parecer estranho no começo, mas quanto mais orar, mais fácil será orar!

2. Procure ajuda de pessoas que já costumam ouvir a voz de Deus, é bem provável que elas possam ajudar você de alguma forma.

3. Participe dos cultos em sua igreja local (se ainda não tem, chegou a hora de procurar uma, hein!) e ouça as ministrações da Palavra. Deus usa seus ministros para falar profundamente conosco.

E esta é a dica que eu considero mais especial de todas:

4. Leia a Bíblia todos os dias. Deus sempre fala através dela, afinal é a sua Palavra.

DEUS é BOM

O TEMPO TODO

FAÇA UMA RETROSPECTIVA DO SEU ÚLTIMO ANO.

Olhe a galeria do seu celular, sua agenda, bloco de notas, o que for; e escreva aqui quais foram as suas principais conquistas desse período.

_____
_____
_____
_____
_____
_____
_____
_____
_____
_____
_____
_____
_____
_____
_____
_____
_____
_____

Quais foram os seus <u>maiores aprendizados</u> neste último ano?

_____
_____
_____
_____
_____
_____
_____
_____

Faça uma <u>lista de metas</u> para alcançar no próximo ano:

✳ _____
✳ _____
✳ _____
✳ _____
✳ _____
✳ _____
✳ _____
✳ _____
✳ _____

E atenção: busque cumprir esses objetivos a partir de **hoje**! Afinal, você não precisa deixar para começar um novo projeto só na próxima segunda-feira, ou no dia 1º de janeiro. Não caia nessa armadilha! A hora é **agora**.

O que tem deixado você cansado e sobrecarregado?

Leia Mateus 11.28-30 e preste atenção no que Jesus diz:

> "Venham a mim, todos os que estão cansados e sobrecarregados, e eu darei descanso a vocês. Tomem sobre vocês o meu jugo e aprendam de mim, pois sou manso e humilde de coração, e vocês encontrarão descanso para as suas almas. Pois o meu jugo é suave e o meu fardo é leve."

Faça o seguinte agora:

- Coloque um louvor bem tranquilo.
- Em oração, conte a Deus tudo o que tem trazido cansaço e sobrecarga para sua vida.
- Leia a próxima página.

Use este diário como travesseiro

Diário

e tente não pensar em absolutamente nada por 15 minutos.

Para ler depois da sua soneca:

Enquanto você descansa, Deus trabalha. Ele é especialista em agir em nosso favor quando confiamos nele! Se tivermos uma vida de descanso em Deus, entenderemos e viveremos de verdade o que está escrito em Mateus 11.28-30; assim teremos um fardo leve.

Escreva uma carta para Deus

_____
_____
_____
_____
_____
_____
_____
_____
_____
_____
_____
_____
_____
_____
_____
_____
_____
_____
_____
_____
_____
_____
_____
_____
_____

Ei, você já fez a sua playlist para ficar bem pertinho de Jesus?

Se não sabe do que estou falando, pule esta página e volte aqui só depois de ter feito esse desafio.

Masss, se já estiver com ela prontinha aí, aproveite para ouvir e atualizar a sua *playlist*.

Coloque aqui seus novos louvores preferidos:

🎵 _____ ♡ ...

🎵 _____ ♡ ...

🎵 _____ ♡ ...

🎵 _____ ♡ ...

🎵 _____ ♡ ...

🎵 _____ ♡ ...

> Hoje é seu aniversário? Então ok, fique aqui!

> Se não for, vá para outra página e volte aqui só no dia do seu aniversário, beleza?
>
> Coloque um lembrete no celular para não se esquecer disso!

Filho(a), hoje é seu dia!

Sabia que agora, neste exato momento, eu estou comemorando seu aniversário?

Há muito tempo eu planejei você e sonhei com cada detalhe seu. Eu o criei para ser meu. Eu o criei para que você seja a sua melhor versão.

Eu vi tudo o que você viveu neste ano; em cada sorriso seu, eu sorri com você, e em cada lágrima sua, eu estive ali, enxugando uma a uma.

Hoje é um novo começo. Um ciclo acabou e outro vai começar e, claro, muitas coisas vão mudar! Mas sabe o que nunca mudará? O meu amor por você.

Mesmo que tudo neste mundo mude, eu sempre estarei aqui. E separei um presente especial para este ano: a promessa que está em Isaías 43.18,19!

Ah! Eu sempre renovo minhas palavras. Prometo mandar cartas todos os dias para você; mas, para recebê-las, precisará abrir o Livro em que deixei as minhas palavras registradas, para que possa ler todos os dias.

Feliz aniversário, minha ovelhinha!
Eu amo você!

— *Deus*

VOCÊ JÁ PAROU PARA CONTAR OU SÓ OLHAR AS ESTRELAS NO CÉU ALGUMA VEZ? É INCRÍVEL, NÉ?!

E se eu dissesse que você pode criar um "céu estrelado" só seu? Vem comigo que eu ensino...

Você vai precisar de:

1) Linha ou barbante
2) Papel-cartão ou um pedaço de caixa
3) Papel-sulfite ou qualquer um que preferir
4) Tesoura
5) Lápis de cor, canetinha colorida ou giz de cera
6) *Glitter* (opcional)
7) Palito de dente
8) Fita adesiva

Como fazer?

Comece fazendo um molde (ou alguns moldes, de diferentes tamanhos) para as estrelas, usando papel-cartão ou um pedaço de caixa. Use esse(s) molde(s) para desenhar estrelas na folha sulfite ou no papel que tiver escolhido, faça quantas quiser e já aproveite para decorar cada uma delas (deixe essas estrelas bem bonitas, hein?!).

Agora que as estrelas já estão enfeitadas, recorte todas elas e conte quantas você tem; então corte pequenos pedaços de linha ou barbante numa quantidade correspondente à de estrelas. Em seguida, pegue o palito de dente e faça um furinho em uma das pontas de cada uma.

Para finalizar, passe a linha ou o barbante nesses furos, amarre bem e use fita adesiva para colar as estrelas, uma a uma, nas próximas duas páginas.

Pronto! Você criou um lindo céu estrelado. Agora, quando abrir o diário nessas páginas, e o virar para baixo, as estrelas ficarão penduradas e você terá uma vista lindíssima! E até nos dias nublados você vai poder ver estrelas.

Eu já fiz e deu supercerto! E você, o que achou?

Fica liiindo, né?

> "[...] 'OLHE PARA O CÉU E CONTE AS ESTRELAS, SE É QUE PODE CONTÁ-LAS' [...]. 'ASSIM SERÁ A SUA DESCENDÊNCIA'."
> (Gênesis 15.5)

Depois que você já tiver feito o seu "céu particular", nomeie essas páginas. Dê o nome de uma promessa de Deus para sua vida, pode ser algo relacionado ao seu propósito, carreira, família ou ao seu relacionamento com o Senhor — qualquer coisa que ele tenha prometido para você!

E todas as vezes que você estiver orando por essa promessa, volte àquela página e olhe para o que Abraão viu.

Confie, suas promessas vão se multiplicar e serão tantas como as estrelas do céu!

> **PARA VOCÊ, É DIFÍCIL ESPERAR ATÉ QUE AS PROMESSAS DE DEUS SE CUMPRAM?**
>
> ○ SIM
> ○ NÃO

A história de Abraão é prova de que as promessas de Deus podem não acontecer no tempo que esperamos, mas ele não falha em cumprir a sua Palavra! Não importa a nossa idade ou as circunstâncias ao nosso redor. Se o Senhor falou, ele é fiel para concretizar suas promessas no momento certo.

Nós, por outro lado, somos humanos e falhos, muitas vezes chegamos até a desacreditar do que ele diz. Mas devemos permanecer crendo, esperando nele com fé e coragem, assim como está escrito em Salmos 27.14: "Espere no Senhor. Seja forte! Coragem! [...]".

Faça como Abraão: guarde as promessas de Deus com fé, mesmo que pareça impossível que elas se cumpram.

NEM SEMPRE VOCÊ VAI PRECISAR FAZER ALGO GRANDIOSO (VIAJAR, POR EXEMPLO) PARA FICAR FELIZ. EXISTEM COISAS MUITO SIMPLES QUE ALEGRAM O NOSSO DIA.

No meu caso, eu...
- Amo tomar sorvete de creme (o mais básico possível! rs).
- Amo andar descalça na grama.
- Amo a sensação do vento batendo nos meus cabelos.
- Amo quando toca uma música que eu gosto na rádio.
- Amo ver o pôr do Sol.
- Amo quando eu e um amigo cantamos a mesma música ao mesmo tempo.
- Amo quando elogiam meu look do dia.
- Amo cores (tuuuudo que tenha cor, sério!).
- Amo estar com o cabelo limpo.
- Amo fazer o dia de alguém mais feliz.

E por aí vai!

Essa é minha lista de pequenas alegrias da vida!

E VOCÊ? CONTE AQUI PRA MIM QUAIS SÃO AS COISAS SIMPLES QUE VOCÊ AMA...

_____
_____
_____
_____
_____
_____
_____
_____
_____
_____
_____
_____
_____
_____

EU JÁ

( ) Fiz uma viagem missionária.
( ) Saí pra comer com meus amigos.
( ) Gaguejei ao falar na frente de muitas pessoas.
( ) Falei "amém" MUITO alto na hora do culto.
( ) Cochilei na vigília.
( ) Comprei comida na lanchonete da igreja.
( ) Evangelizei alguém na rua.
( ) Bati palmas no momento errado.
( ) Ajudei na salinha das crianças na igreja.
( ) Deixei de virar pro irmão do lado e falar o que o pastor pediu.
( ) Fui "achado" pela irmã do coque.
( ) Senti a presença do Espírito Santo em casa.
( ) Fiz alguma apresentação na igreja.
( ) Frequentei ou liderei um pequeno grupo.

EU NUNCA

( ) Cheguei atrasado ao culto.
( ) Esqueci minha Bíblia na igreja.
( ) Errei a letra de um louvor.
( ) Senti sono no culto.
( ) Fingi que entendi uma coisa quando não entendi nada!
( ) Tive um "crush" na igreja.
( ) Abri as redes sociais na hora da pregação.
( ) Coloquei um versículo bíblico na bio do Instagram.
( ) Esqueci de orar dois dias seguidos.
( ) Ajudei alguém em necessidade.
( ) Deixei de ir à igreja por preguiça.
( ) Tive um acessório em formato de cruz.
( ) Dei um testemunho na frente da igreja toda.
( ) Caí na frente de todo mundo.

Anote frases que fazem você sentir vontade de gritar "ALELUIA!" nas pregações:

Antes de uma árvore crescer para cima, ela precisa crescer para baixo, ou seja, suas raízes precisam se aprofundar. Isso também acontece com a gente, ainda que ninguém esteja vendo nosso crescimento (nem nós mesmos), precisamos entender: em meio a dificuldades — como solidão, doença ou qualquer tipo de provação —, pode até parecer que estamos sendo "enterrados", mas a verdade é que Deus está cultivando nossas raízes!

Ele não nos enterra em dores, ele nos aduba, nos torna ainda mais fortes e saudáveis, **para crescermos muito na hora certa!**

Lembre-se: Deus não está enterrando e sim cultivando você!

Já parou para pensar no quanto suas raízes estão crescendo?

Posso contar uma coisa?

Tudo o que dizem que você é, e até o que você mesmo pensa que é, NÃO define você!

Sabe o que realmente define a sua identidade? O que Deus Pai diz a seu respeito!!

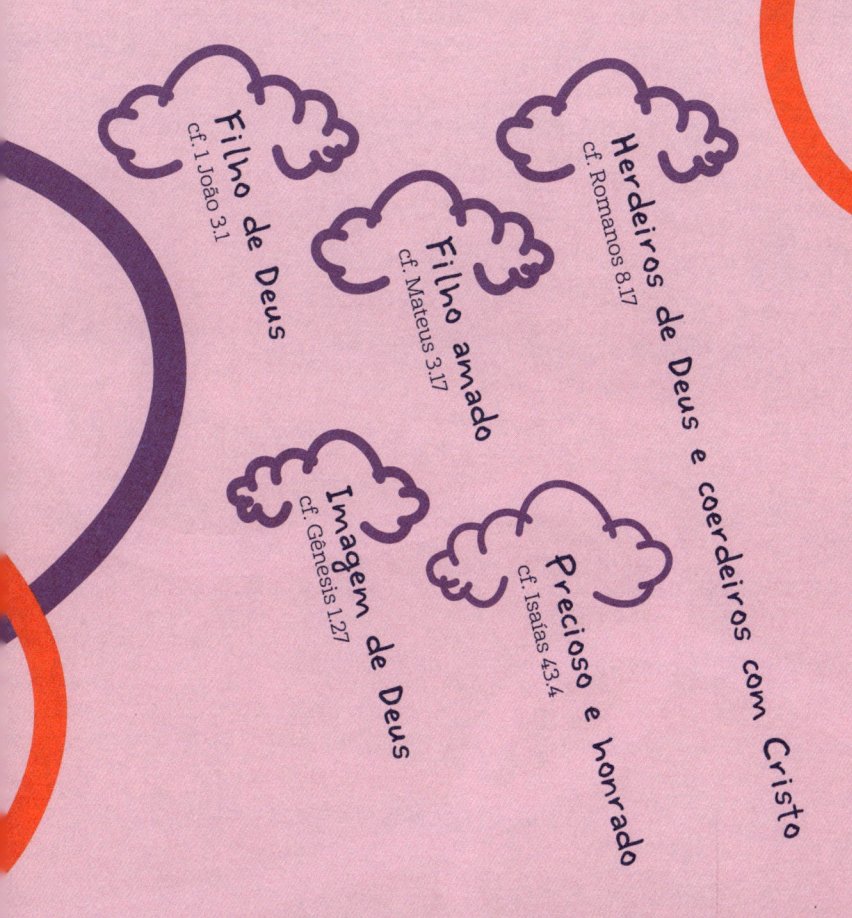

Filho de Deus
cf. 1 João 3.1

Filho amado
cf. Mateus 3.17

Herdeiros de Deus e coerdeiros com Cristo
cf. Romanos 8.17

Imagem de Deus
cf. Gênesis 1.27

Precioso e honrado
cf. Isaías 43.4

Filho(a),

Quem ora por tudo não se preocupa com nada.

— *Deus*

ESCREVA AQUI TUDO O QUE AS PESSOAS JÁ DISSERAM OU AINDA DIZEM SOBRE VOCÊ, SEJAM COISAS BOAS OU RUINS.

Escreveu? Pronto, agora ARRANQUE esta página e RASGUE, PICOTE em pedacinhos, depois jogue tudo isso fora! Essas palavras não podem grudar em você.

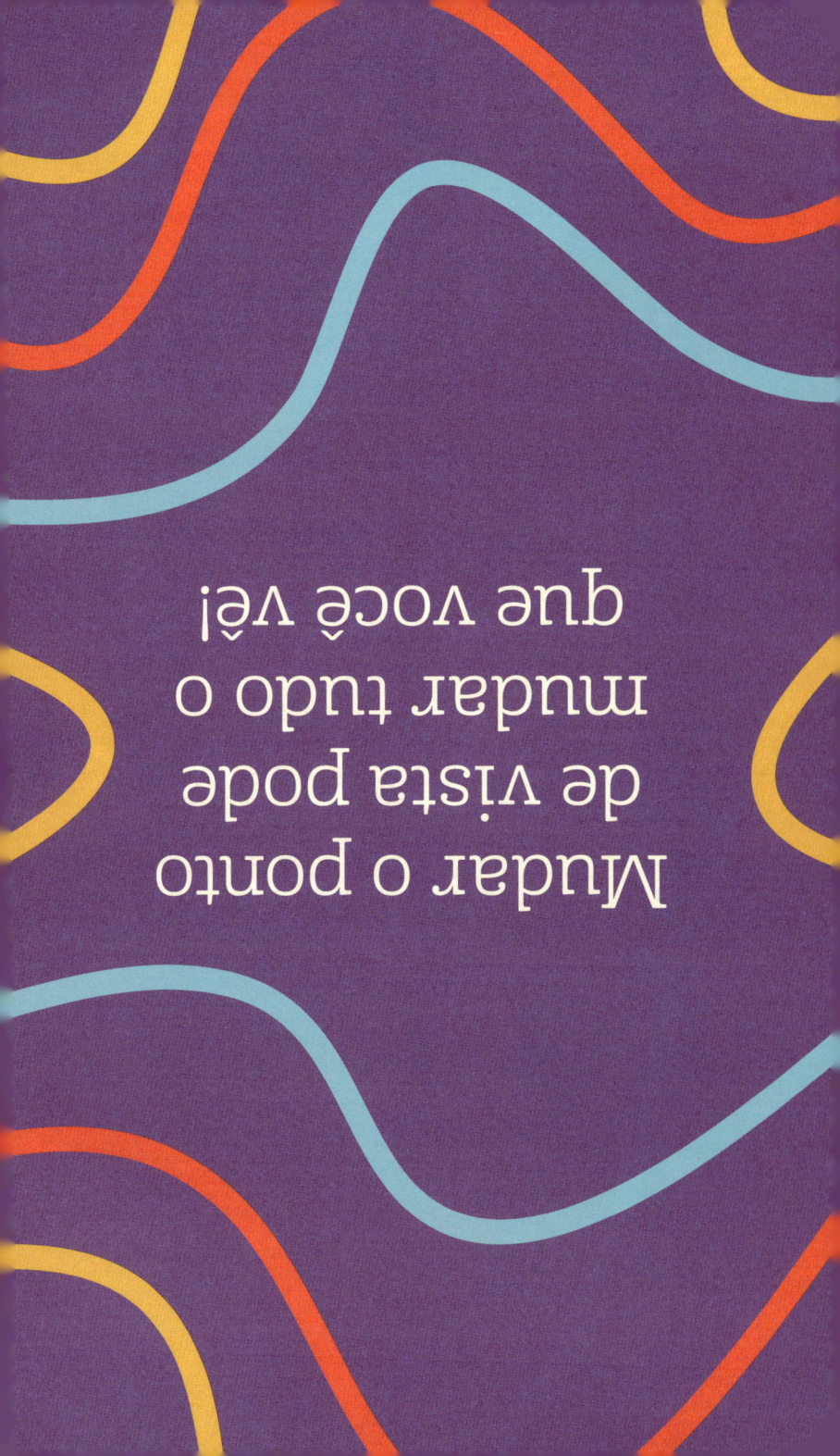

Mudar o ponto de vista pode mudar tudo o que você vê!

Jesus, de LINK arraste

ME CHAME
e me
pra cima!

Você já realizou

Pense bem, pode ser um pequeno ou grande... Tenho certeza de que algum já aconteceu!

Falando em realizações... aproveite este momento para agradecer a Deus por tudo o que ele já fez em sua vida!

algum sonho??

Aaah, e como dizem...
recordar é viver! Por isso use esse
espaço para colar fotos ou escrever
sobre sonhos que você já realizou
ou registrar novos sonhos que
estejam em seu coração agora...

Chegou a hora de falar sobre algo muito importante e que costuma ser desafiador: o perdão!

Você perdoa com facilidade quem o magoa, mesmo que essa pessoa nem venha pedir perdão?

E quando você é quem magoou alguém... tem coragem de pedir perdão ou não?

Perguntas difíceis, né?!

O exemplo mais maravilhoso que podemos ter sobre o perdão está em Cristo. Ele morreu numa cruz para que fôssemos perdoados e limpos de todo nosso pecado.

Por que, então, não perdoaríamos quem nos fez mal?

Nós devemos perdoar para sermos perdoados:

> "E, quando estiverem orando, se tiverem alguma coisa contra alguém, perdoem-no, para que também o Pai celestial perdoe os seus pecados. Mas, se vocês não perdoarem, também o seu Pai que está nos céus não perdoará os seus pecados." (Marcos 11.25,26)

Afinal, Deus é justo! Qual seria o sentido de pedirmos perdão sem estarmos dispostos a perdoar como ele perdoa??

Fora isso, o perdão traz alívio, alegria e paz para nós mesmos...

Experimente hoje mesmo liberar perdão e viva com muuuuito mais leveza!

Já parou pra pensar que, muitas vezes, a pessoa que mais temos dificuldade para perdoar somos nós mesmos?

Pois é... mas isso está **PRESTES A MUDAR!!**

Simmm, **CHEGOU A HORA DE SE PERDOAR!** Meu desafio para você, agora, é escrever uma carta para você mesmo, declarando que se perdoa por quaisquer que tenham sido seus erros.

Vamos lá? Estou aqui torcendo por você!!

_____
_____
_____
_____
_____
_____
_____
_____
_____
_____
_____
_____
_____
_____
_____
_____

UMA VEZ EU ENTREI EM UMA SALA DE ESPELHOS E ME SENTI A PRÓPRIA ALICE NO PAÍS DAS MARAVILHAS.

Em cada espelho eu me via de um jeito diferente: em um deles eu era baixa (mais do que o normal), em outro era muito alta, já em um terceiro espelho eu me via de cabeça para baixo, em outro eu parecia um quadrado, em um deles fiquei com o rosto enorme e pernas bem pequenas...

Enfim, tinha uma imensidão de espelhos; e todos mostravam imagens distorcidas de mim. Em cada um deles, eu enxergava meu rosto. Sim, de certa forma era eu. Mas será que era o meu verdadeiro eu? Não, não era!!

Com meus 16 anos de idade, descobri que vivia uma farsa. Tudo o que eu pensava sobre mim era com base em imagens distorcidas que eu via e acreditava, imagens que os espelhos malucos da vida me mostravam. Depois de descobrir o quanto podemos ter uma visão corrompida sobre nós mesmos, tudo mudou na minha vida. Eu descobri que estava vivendo uma versão de mim mesma que não era a que eu nasci pra ser. Ali eu descobri que tinha me visto a vida inteira por espelhos que distorcem a imagem.

Desculpa contar essa notícia triste, mas talvez você também se enxergue dessa forma. Não só sobre sua aparência, como sobre sua identidade, personalidade e caráter; é possível que você esteja acreditando em mentiras em vários aspectos da sua vida!

Vivemos em um mundo corrompido, em que o tempo todo somos tentados a nos afastar da nossa identidade em Cristo, de quem nascemos para ser.

Nascemos para ser vitoriosos, mas vivemos perdendo batalhas. Nascemos para ter um coração curado, mas carregamos várias feridas emocionais. Nascemos para ser cheios de amor, paz, fé, domínio próprio, mas todos os dias nos desviamos disso e escolhemos o caminho da dor, do descontrole, da incredulidade e do pecado.

Há vozes mentirosas que nos cercam, espelhos distorcidos, dizendo que precisamos olhar para nós mesmos para descobrirmos quem somos.

Mas, naquele dia, aos 16 anos, Deus me revelou três espelhos verdadeiros: o primeiro, através do qual me vejo pelos olhos de amor do Pai; o segundo, no qual me enxergo como uma obra de sua maravilhosa criação (que revela beleza, e a glória do Criador); e o terceiro, no qual me vejo como parte de seu povo, um povo escolhido e santo! É através desses três espelhos que eu preciso olhar todos os dias para saber quem eu sou, ou quem eu devo ser.

Não, você não precisa (e não deve) olhar para si mesmo para entender quem você é! Sua identidade vai muito além de um reflexo distorcido em um vidro polido.

CONFIE EM MIM, VOCÊ VAI AMAR SE CONHECER ALÉM DOS FALSOS ESPELHOS.

DESAFIO

Poste a próxima página em branco nas redes sociais, SEM LEGENDA, SEM NADA... para deixar as pessoas curiosas... então, fale de Jesus para a primeira que perguntar o motivo do post!

Não sei como foi o seu dia hoje, mas...

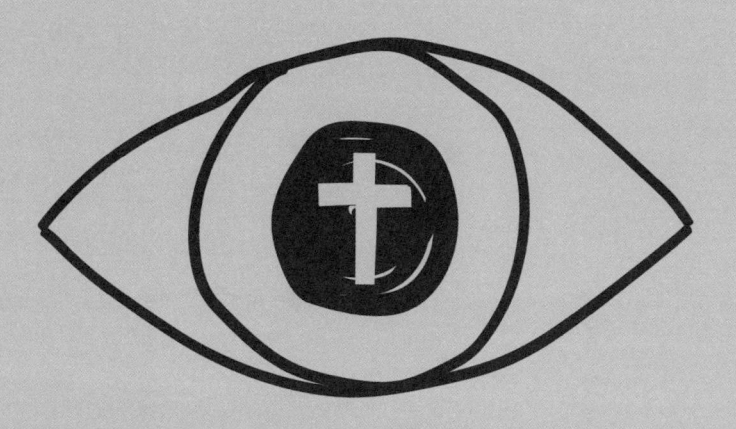

AO OLHAR PARA A CRUZ...

... precisamos entender que Jesus já pagou o preço para vivermos livres de todo peso do pecado, de toda dor e ansiedade. Cristo nos ensina a andarmos sem preocupações nem angústias, colocando tudo aos pés dele!

Em **1 Pedro 5.7**, a Bíblia diz para lançarmos as nossas ansiedades sobre o Senhor e deixar que ele cuide de nós. E que tal fazer isso agora mesmo?!

Lance sobre ele todas as suas ansiedades! Escreva aqui embaixo, na cruz (dentro ou fora, onde quiser), tudo que tem gerado angústias e preocupações em sua mente:

Vamos fazer uma brincadeira de **Eu já x Eu nunca** diferentona? Vou colocar algumas afirmações aqui, e você reage a elas com o *emoji* que fizer mais sentido em cada caso:

Viajei para um lugar que eu sonhava em conhecer.

👍 ❤️ 😭 😂 😐 🤡 ❌

Meu celular tocou no meio do culto.

👍 ❤️ 😭 😂 😐 🤡 ❌

Orei para Deus me apresentar a pessoa certa.

👍 ❤️ 😭 😂 😐 🤡 ❌

Saí para beber água na hora da pregação, mesmo sem sede, só para passear.

👍 ❤️ 😭 😂 😐 🤡 ❌

Sorri lendo uma mensagem.

👍 ❤️ 😭 😂 😐 🤡 ❌

Fiquei decepcionado com alguém.

👍 ❤️ 😭 😂 😐 🤡 ❌

Orei e li a Bíblia hoje (só um deles não vale, hein!).

👍 ❤️ 😭 😂 😐 🤡 ❌

Dublei um louvor porque não sabia a letra.

👍 ❤️ 😭 😂 😐 🤡 ❌

Esqueci que estava em jejum e comi.

👍 ❤️ 😭 😂 😐 🤡 ❌

Senti que era realmente amado por um amigo.

👍 ❤️ 😭 😂 😐 🤡 ❌

Copiei e colei uma mensagem de aniversário.

👍 ❤️ 😭 😂 😐 🤡 ❌

Convidei um amigo não cristão para ir à igreja.

👍 ❤️ 😭 😂 😐 🤡 ❌

Postei uma foto linda enquanto estava de pijama e descabelado em casa.

👍 ❤️ 😭 😂 😐 🤡 ❌

Cantei um solo na igreja.

👍 ❤️ 😭 😂 😐 🤡 ❌

Chorei vendo um filme.

👍 ❤️ 😭 😂 😐 🤡 ❌

Fiz uma viagem missionária por mais de uma semana.

👍 ❤️ 😭 😂 😐 🤡 ❌

Senti a presença de Deus em um momento inesperado.

👍 ❤️ 😭 😂 😐 🤡 ❌

Comecei um plano de leitura bíblica.

👍 ❤️ 😭 😂 😐 🤡 ❌

Você já pensou em qual carreira deseja seguir?

Para escolher esse tipo de coisa, a gente pensa muito, né? E vem até aquele medinho de fazer a escolha errada... Mas preciso contar que isso não é nenhum bicho de sete cabeças rs.

A gente precisa levar em consideração basicamente três itens:

1. Nossos interesses

2. Nossas habilidades

3. E nossos valores pessoais

Espero que isso tenha ajudado um pouco, mas vou simplificar.

Responda às perguntas da próxima página.

Quais são minhas habilidades e talentos?	O que eu gosto de fazer?
Quais são minhas paixões e interesses?	O que é importante para mim quando penso em trabalho?

Das profissões que você conhece ou já ouviu falar, qual contempla melhor as suas respostas aí em cima?

_____

_____

Converse com pessoas que trabalham com o que você mais se identifica. Imagine que você é um repórter, fazendo entrevistas com elas, e anote aqui as partes mais importantes de tudo o que falarem.

Sabia que o pior jeito de fracassar é ser bem-sucedido no que você não foi chamado para fazer?

Às vezes, na tentativa de agradar a todos, perdemos nossa identidade e nos afastamos do destino que Deus sonhou para nós. Seguimos a vida em busca de uma posição de destaque, e não do nosso verdadeiro propósito.

Agora pense comigo: um demônio é um anjo que se afastou de seu propósito e caiu!

Não caia no mesmo erro! Hoje mesmo, pare para pensar no que você tem feito e ore pedindo a Deus que o ajude a seguir pelo caminho certo, o que ele planejou para sua vida.

Liste um TOP #10 de sonhos que você deseja realizar!

1.
2.
3.
4.
5.
6.
7.
8.
9.
10.

Ore agora por cada um deles e escreva aqui o que você pode fazer para que se tornem realidade.

_____
_____
_____
_____
_____
_____
_____
_____
_____
_____
_____
_____
_____
_____
_____
_____
_____
_____
_____
_____
_____
_____

Vamos falar de coisas mais aleatórias que amamos?

Eu começo:

- ✳ Pôr do Sol
- ✳ Sentir a água do mar secando na pele em um dia de praia
- ✳ Ler a última frase de um livro
- ✳ Ver pessoas felizes na rua
- ✳ Ter certeza de que o Espírito Santo está comigo
- ✳ Acordar cinco minutos antes de o despertador tocar, e voltar a dormir
- ✳ Ouvir **QUALQUER** palavra de afirmação que seja
- ✳ Relaxar deitada em uma rede
- ✳ Balanços
- ✳ Criar *fanfics* e videoclipes na minha cabeça enquanto escuto músicas
- ✳ *High five* com Jesus (todos acham que eu sou doida e bato no ar... mas ele sabe que é nosso toque especial)
- ✳ Reassistir pela 239.933ª vez o mesmo filme em vez de procurar um novo

Agora é a sua vez. Quais são as coisas aleatórias que você AMA?

* _____
* _____
* _____
* _____
* _____
* _____
* _____
* _____
* _____
* _____
* _____
* _____
* _____
* _____
* _____
* _____
* _____
* _____
* _____
* _____

Agora que você abriu o diário nesta página, é manhã, tarde ou noite? _____

O desafio de hoje é voltar aqui apenas quando estiver no fim do dia e pronto para se deitar (se já estiver assim, a hora é agora, kkkk), para responder à seguinte pergunta: **o que você aprendeu no dia de hoje?**

_____
_____
_____
_____
_____
_____
_____
_____
_____
_____
_____
_____
_____

SE VOCÊ PUDESSE CONVERSAR COM ALGUM PERSONAGEM DA BÍBLIA (SEM SER JESUS, PORQUE ESSA SERIA A RESPOSTA MAIS FÁCIL HAHAHA), COM QUEM SERIA?

Escreva o nome dessa pessoa em forma de acróstico e coloque os adjetivos que você admira nela.

Vou dar um exemplo, com o Nome maaais lindo que existe (JESUS, é claro!), só para você entender melhor a ideia:

J usto
E terno
S anto
U nico
S ublime

....
....
....
....
....
....
....

Quando eu olhei para a cruz, vi muitas coisas:

Eu vi humilhação, mas por meio dela fui honrada.

Eu vi injustiça, mas através dela fui justificada.

Eu vi dor, mas pela cruz fui curada.

Eu vi o sangue que foi tirado para manchar a reputação do Rei, mas recebi o seu precioso sangue, que lavou minhas manchas.

Eu vi que onde abundou o pecado superabundou a graça.

Eu vi morte, mas recebi a verdadeira vida pelo sangue de Jesus.

Eu tentei encontrar Cristo, para lhe pedir desculpas por colocá-lo ali.

Mas não o achei naquele lugar...

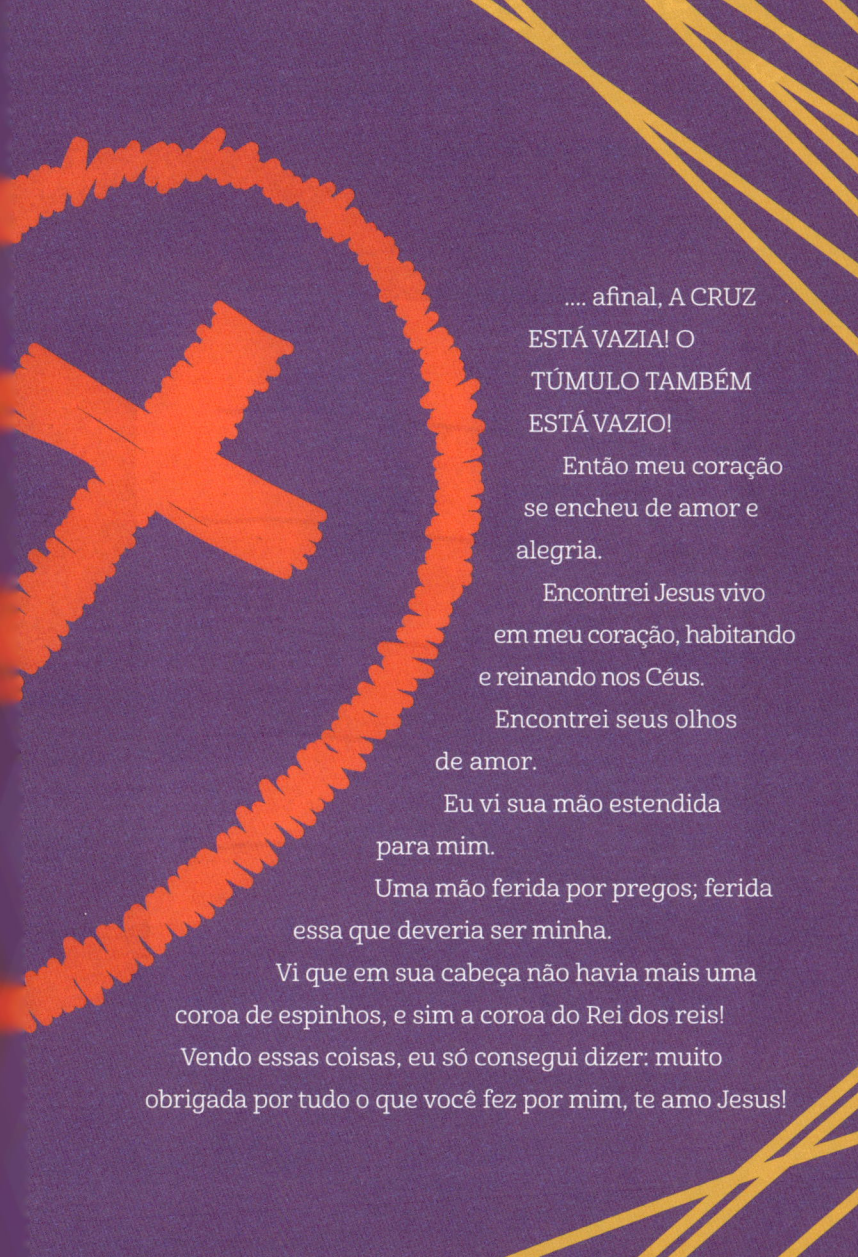

.... afinal, A CRUZ ESTÁ VAZIA! O TÚMULO TAMBÉM ESTÁ VAZIO!

Então meu coração se encheu de amor e alegria.

Encontrei Jesus vivo em meu coração, habitando e reinando nos Céus.

Encontrei seus olhos de amor.

Eu vi sua mão estendida para mim.

Uma mão ferida por pregos; ferida essa que deveria ser minha.

Vi que em sua cabeça não havia mais uma coroa de espinhos, e sim a coroa do Rei dos reis! Vendo essas coisas, eu só consegui dizer: muito obrigada por tudo o que você fez por mim, te amo Jesus!

Escreva aqui seis características da sua personalidade:

1 _____
2 _____
3 _____
4 _____
5 _____
6 _____

Agora, peça à pessoa mais próxima que lhe diga seis aspectos da sua personalidade que ela observa em você e escreva aqui:

1 _____
2 _____
3 _____
4 _____
5 _____
6 _____

> "Arrependam-se, pois o Reino dos céus está próximo."
> (Mateus 4.17)

Você já deve ter ouvido falar sobre arrependimento muitas vezes, né? Mas já parou para estudar e compreender o que significa realmente se arrepender?

Arrependimento nada mais é que uma mudança verdadeira de atitude, de pensamento, de direção.

Ao decidirmos caminhar com Cristo, reconhecemos que somos pecadores e buscamos uma transformação completa de vida e de mentalidade. Esse processo de mudança inclui a decisão de abandonarmos o pecado e vivermos inteiramente para Deus.

Arrependimento demanda muita coragem e renúncia, requer estarmos 100% empenhados em viver como o Senhor nos ensina em seus mandamentos.

Por isso, neste momento, ore e peça ao Espírito Santo que sonde seu coração, mostre se há algo errado em sua conduta (cf. Salmos 139.23,24) e traga um arrependimento sincero a você.

Com um lápis grafite, faça uma lista de três coisas que você fez ou falou no passado, das quais se arrepende profundamente.

Depois, pense no que poderia ter feito de maneira diferente e o que aprendeu com essa experiência.

Aproveite para apresentar em oração seu arrependimento e, logo depois, molhe seu dedo na água e esfregue, como se estivesse "lavando", o que você escreveu – pode usar até sabão se quiser! Esfregue até que não dê para enxergar mais nada! Afinal, seu passado ficou para trás, seus erros foram eliminados!

Quando você se arrepende, o Senhor limpa seu passado e liberta sua vida de toda culpa!

1. _____
_____
_____
_____
_____
_____
_____
_____

2.

3.

Como fazer diferente?

Escreva uma carta <u>para o seu "eu do passado"</u>, dando conselhos de como evitar esses tipos de situações ou como lidar com elas, caso aconteçam novamente.

Vergonha de Jesus?

Um dos dez mandamentos é:

"Não terás outros deuses além de mim." (Êxodo 20.3)

A gente olha pra essa passagem e logo pensa: "Ah, mas eu não tenho nenhuma estátua de madeira na minha casa", ou nada do tipo. Mas será que não temos levantado altares de adoração a coisas importantes em nossa vida, como relacionamentos, trabalho, ministério ou nossa própria reputação?

Muitas vezes, chegamos a adorar a nós mesmos quando, por exemplo, temos vergonha de falar do amor de Jesus, temendo o que vão pensar de nós!

Atenção: não faça da sua vergonha ou de você mesmo o seu deus!

Ame a Deus, o Único e Eterno Deus, acima de todas as coisas, até mesmo da sua própria vida!

DESAFIO BÍBLICO

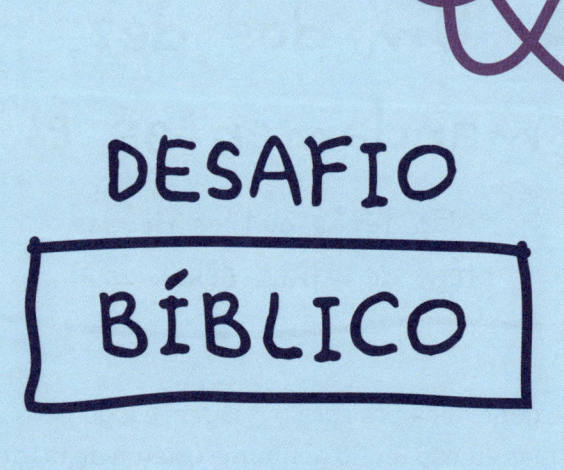

Leia o livro de Filemom (inteiro, viu? Nem dá pra reclamar do tamanho, é bem fácil, um "minidesafio" kkk!).

Anote ou desenhe

sobre tudo o que leu:

Se Deus pode **fazer um estábulo** se tornar palco de um **grandioso milagre** (o maior de todos!), **por que você duvida** que ele possa fazer **algo assim** na sua vida?

– (cf. Lucas 2.1-20)

Sabe quando uma coisa completamente aleatória e doida acontece? Aquele tipo de situação que faz você pensar: **"SERÁ QUE É SÓ COMIGO?"**, ou melhor:

"SOCORRO,

Posso dizer a você que acontece de tudo comigo! KKKK

Teve uma vez que uma coruja me atacou. Outra, que o vidro do box do banheiro quebrou em cima de mim! E, é claro, não posso me esquecer de quando passei quatro dias sem ter onde tomar banho durante uma viagem missionária!

Escreva aqui os seus momentos do tipo "socorro, Deus!"[1] – coisas que foram terríveis na hora que aconteceram, mas se tornaram memórias engraçadas depois:

_____

_____

_____

_____

_____

_____

_____

[1] Referência à música "Socorro, Deus", da cantora Anayle Sullivan. Isso é nada mais nada menos que a trilha sonora dos meus perrengues. Virou trend! Hahaha

DEUS!?

Agora a gente ri, né?!

Além de boas risadas, essas situações também geram testemunhos incríveis! Afinal, numa hora a gente estava pensando: "socorro, Deus!"; e na outra, ele já veio e nos socorreu. Como Deus é bom!!

Esse tipo de coisa me lembra a sensação de estar em uma montanha-russa, sabe?! No meio do trajeto, até grito por socorro, mas quando acaba, percebo que valeu a pena superar aquela situação!

Faça dos seus momentos de "socorro, Deus!" motivos de sorriso e diversão; assim a vida vai ficar muito mais leve para você mesmo e para todos ao seu redor!

Você nunca viveu um dia sequer
sem ser amado por mim, filho(a).

— *Deus*

Atire a primeira pedra quem nunca quis uma página em branco para reescrever alguma parte da vida!

Eu até ia perguntar o que você escreveria em uma página em branco se pudesse, mas... eu tive uma ideia melhor!

Passe para a próxima página e você vai ver!

→

Oi, filho(a), tudo bem?

Eu entendo que nem sempre as coisas são fáceis. Eu sei pelo que você passa. Eu vejo você.

Sei como muitas vezes seu desejo é ter uma página em branco para reescrever sua história, mas não se preocupe, confie em mim!

Eu, o Autor da vida, tenho um futuro certo para você; em vez de oferecer o que quer, tenho uma opção ainda melhor do que tudo quanto possa imaginar!

Com amor,

— Papai

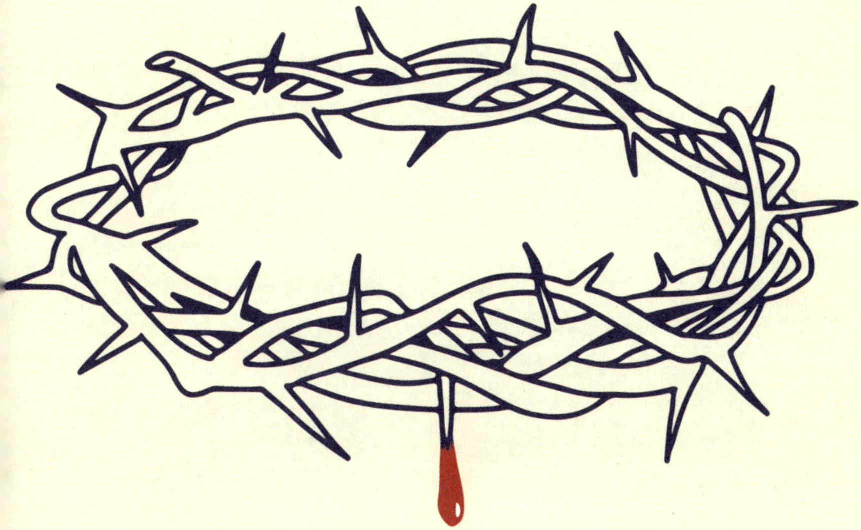

Se você tivesse um papel em branco para reconstruir sua vida do zero, não estaria se estabelecendo em coisa alguma. No lugar disso, você pode ter uma vida restaurada e redimida pelo sangue de Cristo derramado na cruz!

É em Jesus que sua identidade deve estar firmada e, a partir daí, poderá reestabelecer sua vida na segurança na Rocha Eterna!

Por isso, o Pai entrega em suas mãos uma página novinha, não em branco, mas cheia de amor, graça e redenção. Essa página representa uma nova existência, a vida em abundância que Cristo conquistou por você!

Então, que tal entregar toda a sua história, o que já passou e o que está por vir, nas mãos de Deus?

QUERO PROPOR DOIS PASSOS MUITO SIMPLES PARA AJUDAR VOCÊ. E ELES ESTÃO NA PRÓXIMA PÁGINA.

1. Sabe tudo o que você viveu, mesmo os momentos mais difíceis? Tudo isso pode ser redimido por Cristo! Seu desafio agora é escrever aqui embaixo, com caneta vermelha, "os títulos" dos capítulos da sua história que precisam ser cobertos pelo sangue de Jesus:

_____

_____

_____

_____

_____

_____

_____

_____

_____

_____

2. Não sei por que, mas essa conversa me deu até sede! Que tal, então, fazer do limão uma limonada? Isso vai ajudar você a se lembrar de extrair o melhor de toda situação "azeda" que enfrentar (além de refrescar, né?!).

Quando estiver adoçando sua limonada, para tirar um pouco da acidez do limão, lembre-se de que você tem a chance de adoçar também a vida. Basta mudar a forma como enxerga as coisas e adicionar um pouco de "açúcar" em tudo o que estiver amargo por aí!

VOCÊ JÁ SE QUESTIONOU SOBRE O AMOR DE DEUS?

No quadro aqui embaixo eu vou falar algumas características imutáveis sobre esse amor tão grande e tão lindo. Prometo que isso vai ajudar você a entender e PERCEBER melhor como o Pai nos ama!

1. O amor de Deus não tem fim, dura para sempre (cf. Salmos 136.1)!

2. NADA pode nos separar do amor dele: nem morte nem vida, nem anjos ou demônios, nem o presente ou o futuro, altura nem profundidade. NADA (cf. Romanos 8.38,39)!

3. O Senhor nos acolhe como somos, mas nos ama tanto, que nos transforma de glória em glória conforme a sua imagem (cf. 2 Coríntios 3.18).

4. Deus é refúgio, nosso lugar seguro em tempos de angústia (cf. Salmos 46.1). Ele está sempre presente e disposto a nos ajudar, até quando nos sentimos sozinhos ou desamparados.

5. Ele nos ama a ponto de nos dar uma nova chance quando falhamos; ele nos perdoa sempre que confessamos nossos pecados e nos arrependemos (cf. 1 João 1.9).

6. O amor de Deus por nós é tão grande, que ele se dispõe a ser encontrado por nós todas as vezes que o procuramos (Provérbios 8.17).

7. E JESUS É A MAIOR PROVA DO AMOR DE DEUS POR NÓS. Ele entregou o seu próprio Filho para nos salvar. Não tem prova de amor maior que essa (cf. João 3.16)!

Dicas práticas de como se conectar a Deus:

🙏 **Ore**
Seja sozinho, na igreja ou com amigos, ore sem parar!

📖 **Leia a Bíblia todos os dias**
Mesmo se for um pouco, medite na Palavra e aplique seus ensinamentos no dia a dia. Também é legal comentar com seus amigos sobre o que você tem aprendido com as leituras.

⛪ **Vá à igreja e frequente pequenos grupos de comunhão**
Participar dos eventos da sua igreja e ter momentos com seus irmãos em Cristo é ótimo para fazer amigos e aprender mais sobre Deus.

🙌 **Sirva ao próximo**
Quando servimos a quem precisa, estamos ao mesmo tempo seguindo o modelo do Mestre e obedecendo as suas palavras.

🙇🙇 **Tenha um mentor espiritual**
Os profetas e apóstolos mencionados na Bíblia foram discipulados; nós também precisamos de líderes de confiança para nos instruir, dar-nos bons conselhos e orar pela nossa vida. Isso faz toda a diferença.

O SENHOR CONVIDA VOCÊ AINDA HOJE A SE CONECTAR A ELE PARA OUVIR A SUA DOCE VOZ!

Nosso corpo é templo do Espírito Santo!

Em 1 Coríntios 3.16 está escrito:
"Vocês não sabem que são santuário de Deus e que o Espírito de Deus habita em vocês?"

Depois de ler essa passagem, responda às perguntas:

Você reconhece que é templo do Espírito Santo? Se sim, o que isso significa para você? Se não, ore pedindo que ele lhe dê essa revelação e comente aqui sobre o que mudou em sua percepção de si mesmo.

_____

_____

_____

_____

Entendendo essa verdade, quais são as principais formas de cuidado com o seu corpo que você percebe que deve ter a partir de hoje?

_____

_____

_____

_____

[Aqui vai um desafio pra você! Que tal uma semana sem comer besteiras e fazer pelo menos um pouco de exercícios físicos, como pular corda ou caminhar na sua rua? É fácil, vai... Você pode compartilhar nas redes sociais e incentivar seus amigos a cuidarem do templo do Espírito Santo também!]

Sabe as páginas do seu "céu estrelado" (se não chegou a essa parte do livro por enquanto, procure esse desafio e volte aqui depois que tiver feito)?! Cole este diário, aberto naquelas páginas, no teto do seu quarto, acima da sua cama. Ao se deitar, reflita sobre as promessas de Deus sobre sua vida e ore por elas!

Visualize essas promessas com fé, assim como Abraão fez.

No outro dia, quando acordar, pegue o diário e escreva o que sentiu ao fazer isso.

O "eu" de Satanás fez com que ele caísse do Céu.

O "eu" de Eva levou a humanidade à Queda.

O nosso "eu" nos faz pecar o tempo todo!

Mas o "EU SOU" nos salva, nos resgata, nos leva à Vida Eterna ao seu lado!

Se o seu velho homem ainda vive, ele precisa morrer!

Antes de ter um encontro com o Senhor, Paulo era bem diferente do apóstolo que escreveu as cartas tão maravilhosas que vemos no Novo Testamento. Ele achava que vivia para Deus, mas na verdade fazia o que o seu "eu" dizia... Até que tudo mudou, quando entendeu que não ele mesmo, e sim Cristo deveria viver nele!

Isso fica claro em Gálatas 2.20, quando ele diz:

> "Fui crucificado com Cristo. Assim, já não sou eu quem vive, mas Cristo vive em mim. A vida que agora vivo no corpo, vivo-a pela fé no filho de Deus, que me amou e se entregou por mim."

Cristo se deu por nós, e assim também nós devemos nos entregar completamente para o Senhor e vivermos apenas por ele!

VOCÊ JÁ OUVIU FALAR SOBRE AS

Pois é... linguagens! É como se fossem idiomas diferentes, que usamos para comunicar o quanto amamos as pessoas. Gary Chapman, que é quem propõe essa abordagem, explica que há cinco linguagens diferentes:

1. Palavras de afirmação

Podemos expressar o nosso amor por meio de palavras, seja por escrito ou falando. Mas sempre ajudando alguém a perceber o valor que tem.

Desafio: Pegue um papel e escreva palavras de encorajamento para um amigo, depois coloque esse bilhete na porta ou na mochila dele, ou em outro lugar em que possa encontrar seu recado e ser surpreendido!

2. Tempo de qualidade

É quando reservamos um tempo para passar com quem amamos e, assim, mostramos o quanto nos importamos com essa pessoa.

Desafio: Convide alguém especial para um tempo de qualidade no próximo fim de semana.

CINCO LINGUAGENS DO AMOR?*

3. Presentes

Presentear alguém, especialmente quando não é uma data especial, é uma forma de demonstrar amor por essa pessoa. Quem não gosta de ser surpreendido com um presentinho, né?!

Desafio: Compre um doce bem gostoso, ou faça algo simples (um buquê caseiro, por exemplo, feito com flores que você colheu em algum jardim), e presenteie a quem você ama num dia comum.

4. Atos de serviço

Com essa linguagem, fazemos alguma coisa para quem amamos, seja um prato de comida, dar uma carona, organizar a casa; algo que envolva botar a mão na massa por alguém.

Desafio: Arrume seu quarto e lave a louça do dia, mesmo se for uma pilha gigante!

5. Toque físico

Essa é para quem ama expressar sua afeição com carinho, abraço, cafuné... É para quem precisa encostar no outro para mostrar seu amor!

Desafio: Dê um abraço espontâneo (e longo) em alguém especial.

GARY, Chapman. **As cinco linguagens do amor:** como expressar um compromisso de amor a seu cônjuge. 3. ed. São Paulo: Mundo Cristão, 2013.

SE ABRIU AQUI, VOLTE DUAS PÁGINAS PARA ENTÃO RESPONDER ÀS PERGUNTAS...

Agora que você já fez todos esses desafios, consegue identificar quais são as suas linguagens preferidas para expressar seu amor pelas pessoas? Quais?

_____
_____
_____
_____
_____
_____

E para receber amor de pessoas especiais?

_____
_____
_____
_____
_____
_____

Agora eu desafio você a escolher três pessoas do seu convívio e descobrir qual a linguagem de amor principal de cada uma delas.

Anote seus nomes e, em frente, sua possível linguagem de amor, assim como o que você pode fazer para mostrar seu afeto por essas pessoas.

Conte aqui tudo sobre sua experiência com os desafios das linguagens do amor

(se ainda não fez, leia as quatro páginas anteriores a essa, cumpra os desafios e depois volte aqui!).

Qual foi a reação dessas pessoas? Elas agradeceram, retribuíram de alguma forma? Ficaram felizes, estranharam? Quero saber tuuuudo!

_____
_____
_____
_____
_____
_____
_____
_____
_____
_____
_____
_____
_____
_____

Não sei você, mas eu, muitas vezes, tenho dificuldade de expressar meu amor... até mesmo a pessoas superimportantes para mim. E sabe quando eu mais passo sufoco? Quando alguém especial na minha vida compreende melhor uma linguagem de amor na qual eu não sou tão "fluente" assim. Só que entendi como é fundamental me esforçar para expressar amor de todas as formas possíveis; e meu maior exemplo (pra tudo, até mesmo pra esse assunto) com certeza é o próprio Mestre, Jesus!

Depois de conhecer um pouco sobre as cinco linguagens do amor, fui reler os evangelhos e comecei a reparar em como Jesus demonstrava amor de várias maneiras. Ele dizia palavras encorajadoras; investia seu tempo nas pessoas, tanto ensinando quanto simplesmente comendo à mesa com elas; servia o tempo todo e tocava até em quem tinha doenças contagiosas, para que fossem curadas!

Não é novidade que precisamos seguir os passos de Cristo, né?!

Então... agora é com você! Fique atento às necessidades das pessoas ao seu redor e, como Jesus nos ensina, escolha maneiras de demonstrar amor que sejam significativas para os demais. Inspire-se no amor do Mestre e seja sempre aquele que reflete a vida dele aqui na Terra!

Toque físico ⬇
Leia Marcos 10,16

Eu amo imaginar a cena de Jesus com as crianças, deve ter sido uma fofura!! Agora, depois de ler essa passagem, repare em como ele impõe a mão sobre elas para as abençoar. Ele faz o mesmo com todos que necessitam de um toque seu. Você já sentiu o Senhor tocar sua vida? Conte um pouquinho dessa experiência:

_____
_____
_____
_____
_____

Jesus e as

Palavras de afirmação ⬇
Leia João 15,9

Nosso Mestre afirmou claramente que nos ama! Além disso, usou palavras para encorajar, ensinar e perdoar, mostrando a importância de fortalecermos os outros com o que dizemos. Escreva algumas palavras de encorajamento que você pode usar no dia a dia:

_____
_____

linguagens do amor

Atos de serviço ⬇
Leia João 13.4,5

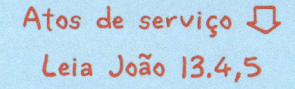

Quando Cristo lavou os pés dos discípulos e curou os enfermos, por exemplo, demonstrou seu amor por meio de atos de serviço. E você, como pode servir alguém hoje?

_____

Presente ⬇
Leia Gálatas 1.4

Sabe o maior presente da história? Foi a entrega de Cristo na cruz do Calvário! Ele nos deu a própria vida, enquanto o Pai deu seu Filho. Escreva aqui o que esse presente tão grande representa para você:

_____
_____

Tempo de qualidade ⬇
Leia Lucas 5.29

Jesus passava tempo de qualidade com diversas pessoas (e parece que ele também, assim como nós crentes, amava comer! Hahaha), com seus discípulos e investia também em ficar só com o Pai em oração. Desafio: que tal passar um período, sem hora para acabar, na presença de Deus hoje? 😍

A respiração contém o milagre do sopro de vida! Por isso, cada vez que inspiramos e expiramos...

vivemos um milagre!

TIVE UMA IDEIA! O QUE ACHA DE DESFRUTAR DE UM TEMPO AO AR LIVRE HOJE?

Claro que, se estiver chovendo ou muito frio, é melhor deixar para outro dia. Mas se esse for um dia bem gostoso, nublado ou ensolarado, encorajo você a dar uma volta por aí, no seu bairro mesmo, e olhar para o céu, sentir o vento... e agradecer a Deus por sua criação!

Depois, desenhe aqui um pouco da sua experiência nesse dia:

Cole aqui coisas aleatórias que você encontrar pelo caminho:

Imagine que você está em um barco no meio do mar e, de repente, surge uma tempestade!

Pode ser que nem perceba logo de cara, mas existem ali <u>não só uma</u>, e sim <u>três âncoras</u> para manter seu barco a salvo:

1. A âncora do descanso em Deus
2. A âncora do propósito
3. A âncora da promessa

Você ainda não sabe, mas essas âncoras são chaves que mudarão totalmente a sua forma de passar pelas tempestades.

Em Marcos 4.35-41, a Palavra conta acerca de quando os discípulos estavam em um barco com Jesus, no meio de uma tempestade, e ele dormia na popa. Essa paz que o fez descansar no meio das ondas seria a primeira âncora.

Fora isso, eles seguiam o Mestre porque estavam convictos de que deveriam ir com ele por onde quer que fosse; esse era o propósito deles (o nosso também! Hehe), e representa a segunda âncora.

Já a terceira se encontra em João 14.12, quando Jesus promete que eles viveriam coisas ainda maiores do que tudo que haviam presenciado até então: "[...] Aquele que crê em mim fará também as obras que tenho realizado. Fará coisas ainda maiores do que estas [...]".

Com isso tudo, podemos aprender que: quando a tempestade vem, muitas vezes nos sentimos impotentes e sofremos, sem ver uma solução. Pensamos até que só teremos paz quando tudo se acalmar de vez. Porém existe um segredo, que é entender que na tempestade **não devemos nos entregar, e sim nos posicionar!**

Não se acomode nem deixe o medo dominar você; escolha ter fé e usar as âncoras: 1) do descanso em Deus, 2) da obediência ao Mestre, seguindo o propósito que ele lhe confiou e 3) de confiar em sua promessa!

Qual é a sua lembrança mais antiga? Anote-a aqui:
_____
_____
_____
_____
_____
_____
_____
_____

Ela deixa você feliz ou traz alguma angústia?
_____
_____
_____
_____
_____
_____
_____
_____
_____
_____
_____

Se você pudesse voltar no tempo e fosse parar no dia em que isso aconteceu, o que faria dessa vez? Tudo igual ou mudaria alguma coisa?

_____
_____
_____
_____
_____
_____
_____
_____
_____
_____
_____
_____
_____
_____
_____
_____

momento reflexão

Vamos lá, pense comigo: quais erros você sabe que precisa parar de cometer?

_____

_____

_____

_____

_____

Sei que você pode ter tentado superar essas coisas muitas vezes e se frustrado, mas agora é diferente, porque você não está sozinho!! Coloque toda essa lista diante de Jesus, e ele vai lhe dar forças para mudar; lembre-se de que nele você pode vencer qualquer desafio: "Posso todas as coisas em Cristo que me fortalece" (Filipenses 4.13).

E AGORA VAMOS FALAR SÓ DE COISA BOA...

Conte aqui quais foram os cinco melhores momentos da sua vida, colocando todos eles em ordem de importância para você:

1.
2.
3.
4.
5.

Assim está escrito no livro de Ezequiel 36.26-28:

"Darei a vocês um coração novo e porei um espírito novo em vocês; tirarei de vocês o coração de pedra e, em troca, darei um coração de carne. Porei o meu Espírito em vocês e os levarei a agir segundo os meus decretos e a obedecer fielmente às minhas leis. Vocês habitarão na terra que dei aos seus antepassados; vocês serão o meu povo, e eu serei o seu Deus".

QUE PALAVRA FORTE!

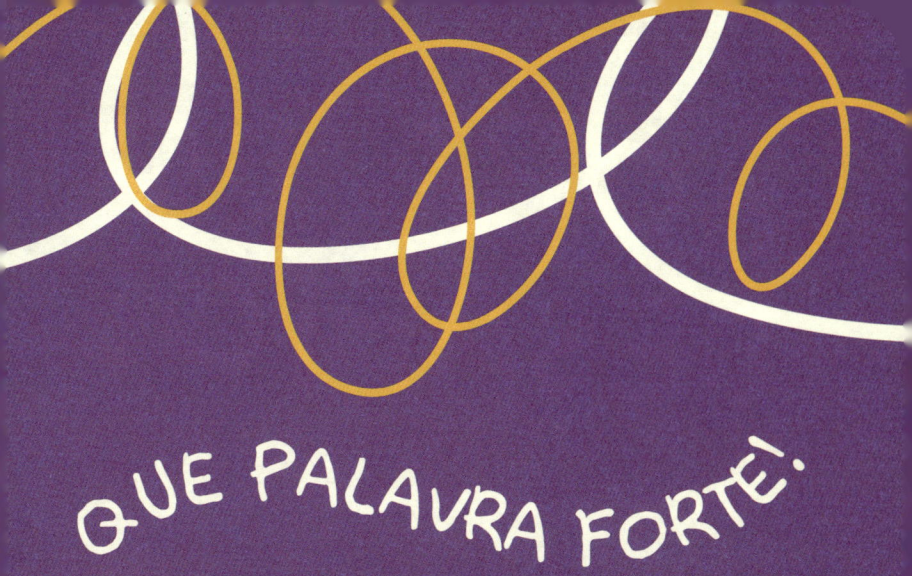

Você entende a grandiosidade do que foi dito?

A sua identidade é ser povo de Deus! Isso está em você, mas não pode parar nesse simples fato, porque, muito mais do que saber disso na teoria, o Senhor o convida hoje a viver segundo essa verdade: você pertence a Deus, é cidadão celestial.

Você pode até ter uma (ou mais) nacionalidade(s) terrena(s) – brasileira, portuguesa, argentina –, porém, em primeiro lugar, é integrante do Reino dos Céus. Essa é nossa principal cidadania!

É hora de se mover a partir dessa identidade!

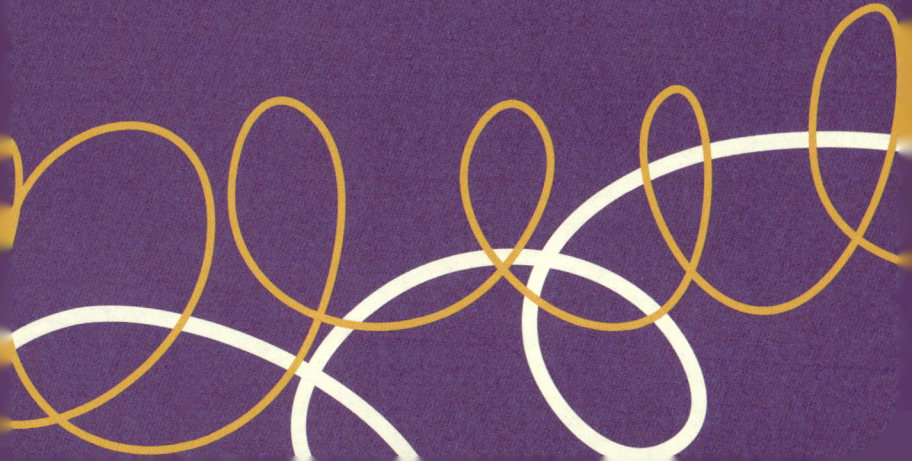

HORA DO DESAFIO!

Para essa missão, você vai precisar de:

* 2 folhas de papel-sulfite
* 8 envelopes pequenos
* 1 tesoura
* Canetas coloridas

Pegue as folhas de papel-sulfite e dobre cada uma em quatro pedaços; depois recorte onde ficou a marca da dobradura. Em cada parte, escreva um versículo que você goste muito, aquele que toca o seu coração.

Então, coloque os pedaços de papel dentro de um envelope e entregue para:

1. Alguém na rua
2. Alguém no mercado
3. Alguém na escola/faculdade
4. Alguém no ponto de ônibus
5. Alguém no shopping ou no parque
6. Alguém na farmácia
7. Alguém que se encontre numa cadeira de rodas
8. Alguém que esteja na porta de um hospital ou dentro dele

Tenho certeza de que as pessoas que receberem esses envelopes serão tocadas pelo Espírito Santo de alguma maneira. Deixe Deus usar você!

Já parou para pensar em tudo que já conquistou até o dia de hoje?

Das pequenas às grandes realizações, é sempre bom lembrar delas e ser grato.

Neste momento, conte para o seu "eu criança" as coisas que conseguiu realizar, o que fez diferença na sua vida, o que deu certo e até o que não foi tão bom... Conte também sobre o que estiver vivendo no momento.

_____
_____
_____
_____
_____
_____
_____
_____
_____
_____

AQUI VAMOS NÓS...

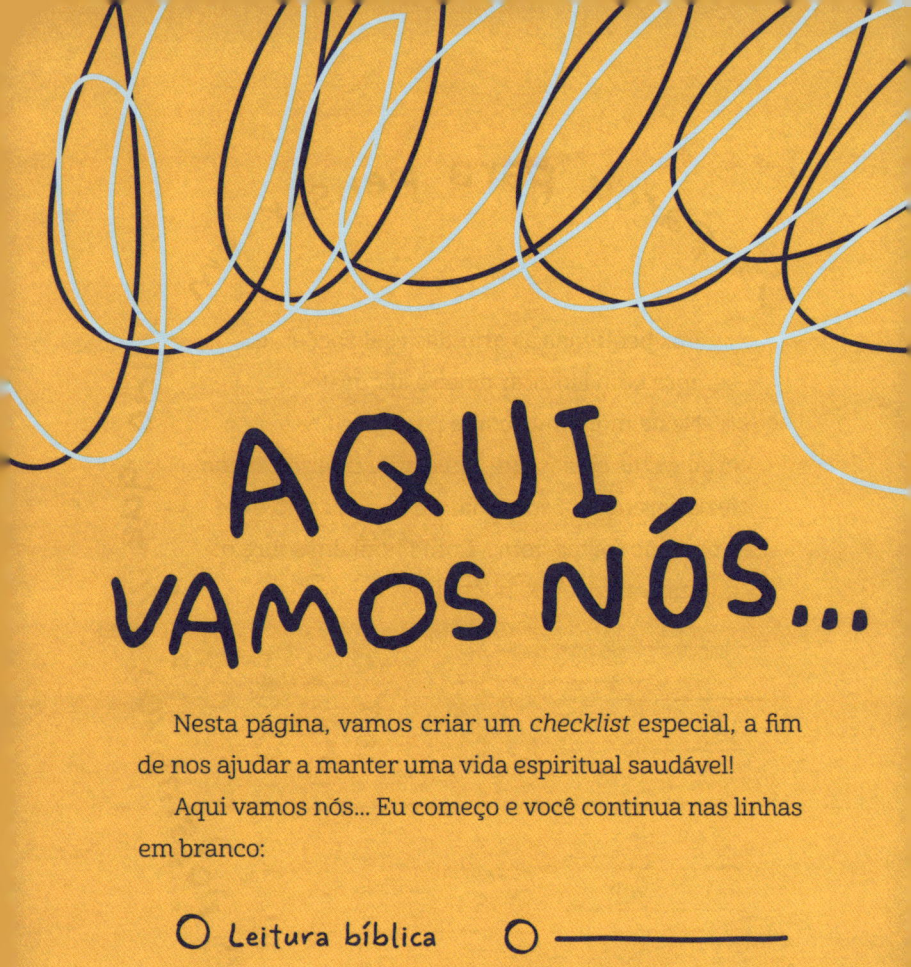

Nesta página, vamos criar um *checklist* especial, a fim de nos ajudar a manter uma vida espiritual saudável!

Aqui vamos nós... Eu começo e você continua nas linhas em branco:

- ⭕ Leitura bíblica
- ⭕ Orar
- ⭕ Jejuar
- ⭕ Não murmurar
- ⭕ Ser grato

- ⭕ _____
- ⭕ _____
- ⭕ _____
- ⭕ _____
- ⭕ _____

Como você deve saber, somos corpo, alma e espírito. E é importantíssimo cuidarmos de todas essas diferentes áreas. Então, que tal criar um *checklist* para registrar seu avanço nos diversos hábitos saudáveis?

Preencha as linhas abaixo com atividades importantes em sua vida, que ajudam você a crescer, como exercícios físicos, leitura, alimentação saudável, estudar determinado tema, etc. Depois, dê um *check* nos dias em que conseguiu fazer isso.

	D	S	T	Q	Q	S	S
_____	O	O	O	O	O	O	O
_____	O	O	O	O	O	O	O
_____	O	O	O	O	O	O	O
_____	O	O	O	O	O	O	O
_____	O	O	O	O	O	O	O
_____	O	O	O	O	O	O	O
_____	O	O	O	O	O	O	O
_____	O	O	O	O	O	O	O
_____	O	O	O	O	O	O	O
_____	O	O	O	O	O	O	O

ANOTAÇÃO

VOCÊ JÁ SE ARREPENDEU DE ALGUMA DECISÃO?

( ) SIM   ( ) NÃO

Eu sei como é difícil não fazer boas escolhas e ter de lidar com o arrependimento. Mas eu também sei que o Espírito Santo nos ajuda a tomar as melhores decisões sempre que pedimos sua orientação e nos atentamos à sua voz.

Pensando nisso, conte aqui qual foi a sua escolha mais inteligente (aquela que trouxe bons resultados e muita alegria para você!):

_____
_____
_____
_____
_____
_____
_____

Agora que você parou para pensar nessa escolha importante, utilize este espaço para fazer um desenho sobre isso (use toda sua criatividade, hein?!).

QUAIS SÃO OS MAIORES PROBLEMAS QUE VOCÊ ENFRENTA HOJE?

Quando Jesus veio ao mundo, ele encontrou um povo que precisava de libertação e queria isso. Na verdade, tenho a impressão de que eles esperavam apenas por uma libertação momentânea; desejavam ser livres da dor que o império romano lhes causava.

Enquanto eles almejavam uma liberdade instantânea e passageira, Jesus queria torná-los livres PARA TODO O SEMPRE!

Pensando nos nossos dias, percebo que nós também temos de lidar com angústia e até opressão, assim como o povo daquela época. Mas, em vez de termos expectativa em sermos livres somente das dores passageiras, devemos colocar nossa esperança em Jesus, apesar das situações difíceis da vida.

Cristo nos disse que teríamos aflições no mundo, só que também nos encoraja a termos ânimo, porque ele venceu o mundo (cf. João 16.33)!

Então, seja qual for sua dificuldade hoje, lembre-se de olhar para Jesus! Ele é quem nos dá força e esperança para nossos dias na Terra; também nos dá a Vida Eterna ao seu lado. Com ele somos livres de verdade e para sempre!

"Todavia, lembro-me também
do que pode me dar ESPERANÇA:
Graças ao grande AMOR do Senhor
é que não somos consumidos,
pois as suas MISERICÓRDIAS são inesgotáveis.
Renovam-se cada manhã;
grande é a sua FIDELIDADE!
Digo a mim mesmo: A minha porção é o Senhor;
portanto, nele porei a minha esperança.
O SENHOR é bom para com aqueles
cuja esperança está nele,
para com aqueles que o buscam;
é bom esperar tranquilo
pela SALVAÇÃO do Senhor."

(LAMENTAÇÕES 3.21-26).

Sei que já crescemos bastante, mas quem não gosta de uma brincadeirinha de vez em quando, hein?! Hoje vamos brincar de caça-palavras.
Encontre as palavras destacadas:

```
G F H N S C T Q Z L L Q Y Z K
T X I W Y Y P P H G K W L S F
M F W D Z N D M F X S S A H S
Q J D G E Y N Z R B D I L W A
P P V G Z L K K W R D D Y P L
D A M O R L I R P R L E R W V
D G D N K W D D Ó S J S S P A
J Z H G T K F C A G R P E M Ç
P V Q K S D I C V D W E N H Ã
M M L Y T R G Z M F E R H H O
M V V X E X D K N Q C A O Y K
V W W S Q S M L W P D N R T Z
D P I N K R S X X J Q Ç J D Q
B M Z N T B Z H D Y J A X X B
G Z Y H R B Y V X Q Q X C Q M
```

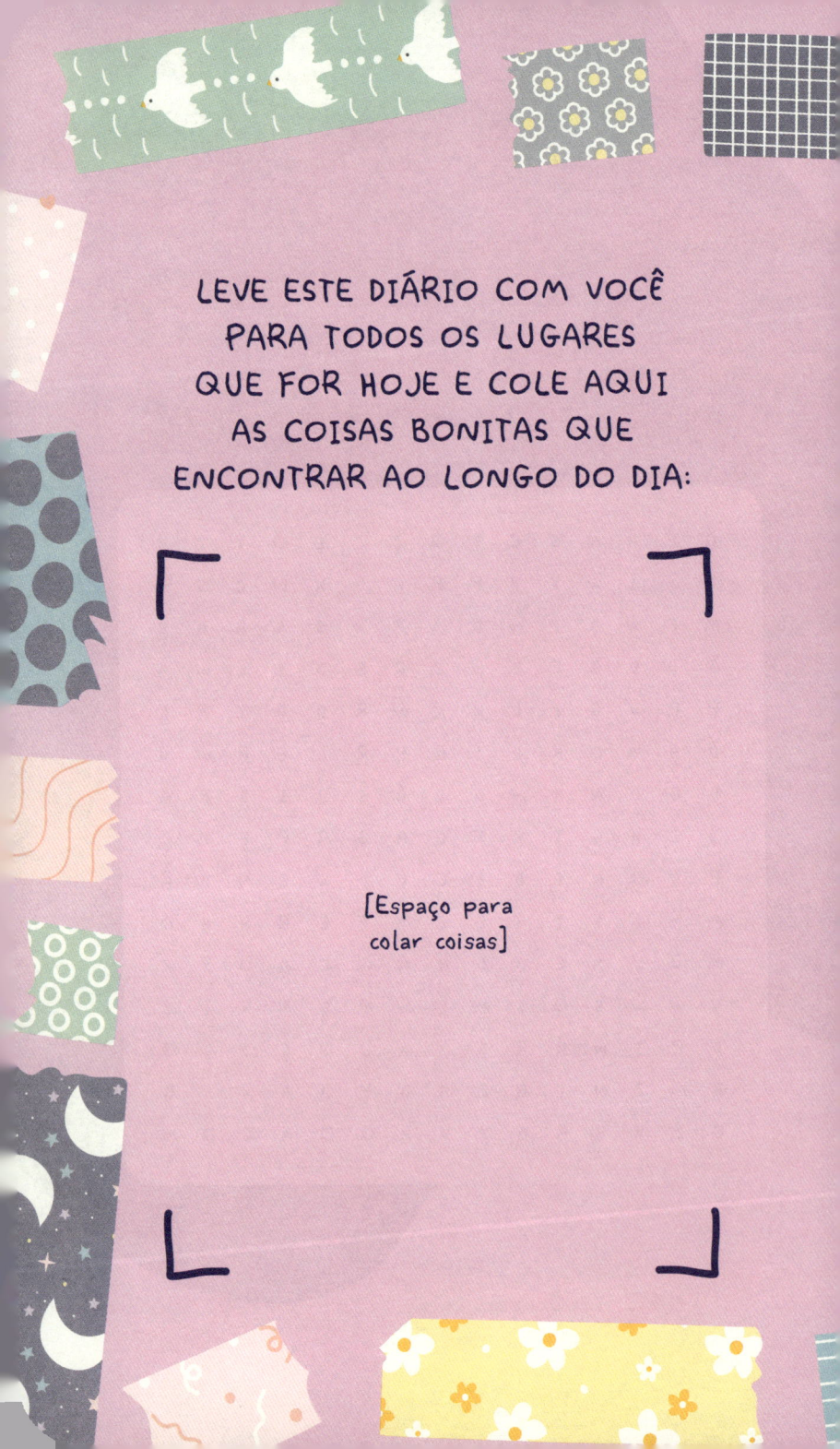

LEVE ESTE DIÁRIO COM VOCÊ PARA TODOS OS LUGARES QUE FOR HOJE E COLE AQUI AS COISAS BONITAS QUE ENCONTRAR AO LONGO DO DIA:

[Espaço para colar coisas]

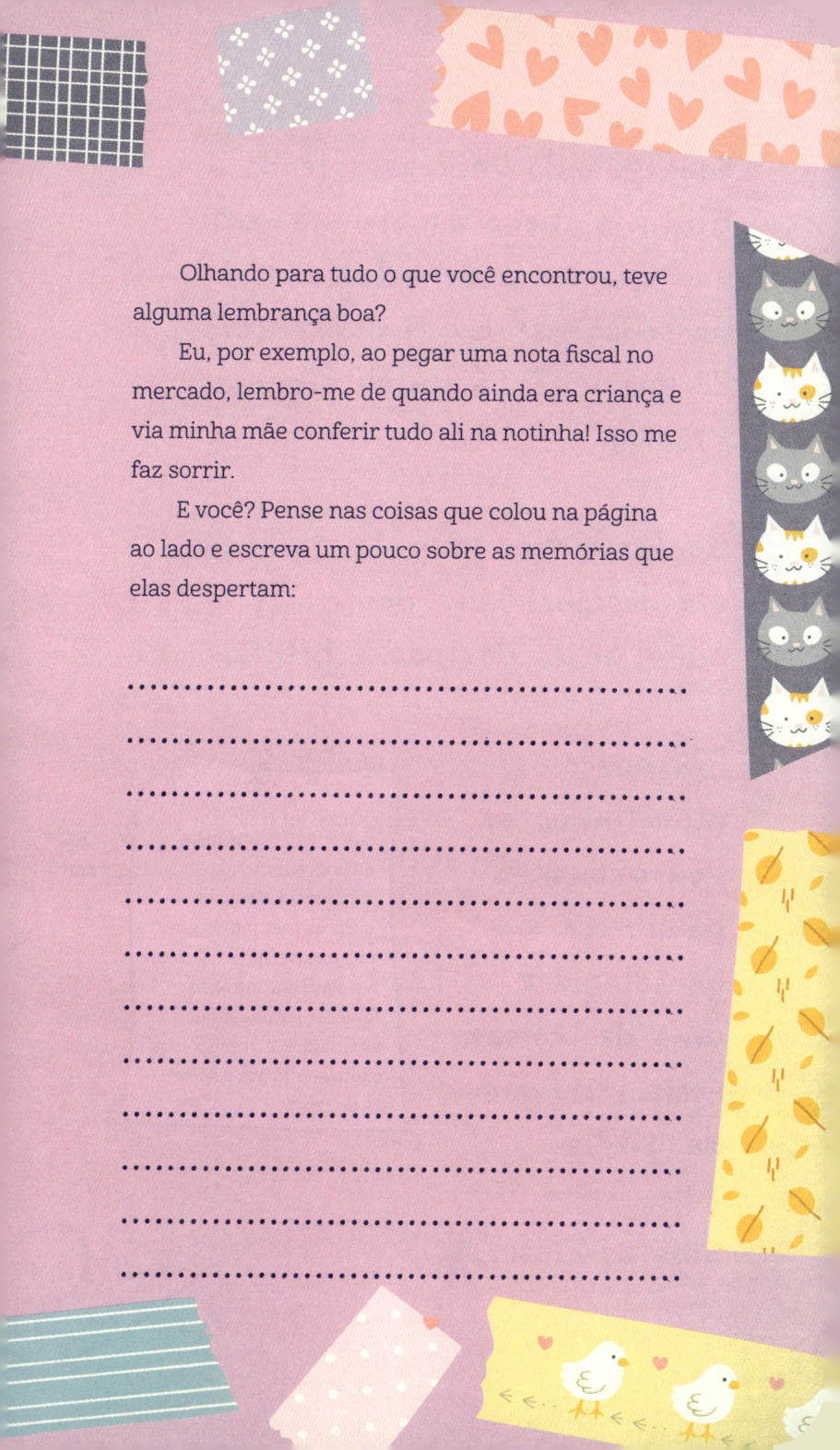

Olhando para tudo o que você encontrou, teve alguma lembrança boa?

Eu, por exemplo, ao pegar uma nota fiscal no mercado, lembro-me de quando ainda era criança e via minha mãe conferir tudo ali na notinha! Isso me faz sorrir.

E você? Pense nas coisas que colou na página ao lado e escreva um pouco sobre as memórias que elas despertam:

....
....
....
....
....
....
....
....
....
....
....
....

Sabe quando você está lendo a Bíblia e chega aquele momento que aparece a genealogia dos personagens? Eu tenho certeza de que você já pulou algumas. KKKKKK

Confesso que já pulei também, até descobrir um dos **easter eggs** mais legais de toda a Bíblia.

Em poucos minutinhos eu vou provar para você que genealogia é uma das coisas mais incríveis da Bíblia!

> *Easter egg* é uma gíria da língua inglesa que representa alguma surpresa escondida em programas, filmes, livros, etc. Para encontrar as famosas surpresinhas escondidas, é preciso estar muito atento aos detalhes [N. do E.].

Siga as dicas.

Com a sua Bíblia na mão e a ajuda da internet, pesquise o significado do nome de cada personagem da genealogia de Adão, que aparece em Gênesis 5.1-31 ou em 1 Crônicas 1.1-3.

Anote o significado dos nomes aqui e, no final, você perceberá que eles formarão uma frase profética! Escreva a frase completa aqui também:

> Depois de fazer essa pesquisa e descobrir a frase, com o seu celular, escaneie o QR Code que está aqui ao lado e descubra se você acertou ou não a sua investigação.

Quem é

Você já fez essa pergunta? Eu sim... e encontrei resposta para ela em váaaaarias passagens da Bíblia. De fato, tudo o que está escrito na Palavra de Deus revela um pouquinho sobre Jesus! Para ajudar você a perceber isso, separei aqui alguns versículos sobre quem ele é de verdade:

> "[...] 'Eu [Jesus] sou o caminho, a verdade e a vida. Ninguém vem ao Pai, a não ser por mim.'"
> (João 14.6)

> "[...] 'Eu [Jesus] sou a ressurreição e a vida. Aquele que crê em mim, ainda que morra, viverá.'"
> (João 11.25)

> "[...] João viu Jesus aproximando-se e disse: 'Vejam! É o Cordeiro de Deus, que tira o pecado do mundo!'"
> (João 1.29)

> "[...] 'Eu [Jesus] sou o pão da vida. Aquele que vem a mim nunca terá fome; aquele que crê em mim nunca terá sede.'"
> (João 6.35)

> "No princípio era aquele que é a Palavra. Ele estava com Deus e era Deus. Ele estava com Deus no princípio. Todas as coisas foram feitas por intermédio dele; sem ele, nada do que existe teria sido feito. Nele estava a vida, e esta era a luz dos homens. A luz brilha nas trevas, e as trevas não a derrotaram."
> (João 1.1-5)

> "[...] 'Eu [Jesus] sou o Messias! Eu, que estou falando com você.'"
> (João 4.26)

> "O Filho é o resplendor da glória de Deus e a expressão exata do seu ser, sustentando todas as coisas por sua palavra poderosa."
> (Hebreus 1.3)

Jesus?

> "Porque um menino nos nasceu, um filho nos foi dado, e o governo está sobre os seus ombros. E ele será chamado Maravilhoso Conselheiro, Deus Poderoso, Pai Eterno, Príncipe da Paz."
> (Isaías 9.6)

Ele é tão perfeito, né?!

Agora escreva, nas bordas destas páginas, dez características de Cristo e, no espaço em branco ao lado, faça um desenho de como você o imagina.

QUEM É VOCÊ?

Complete o desenho abaixo com suas informações. Não se esqueça de carimbar o polegar e assinar!

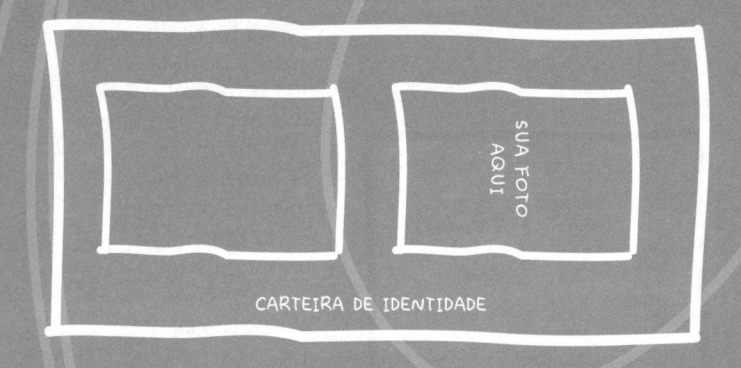

SUA FOTO AQUI

CARTEIRA DE IDENTIDADE

NOME:
FILIAÇÃO:

DATA DE NASCIMENTO: NATURALIDADE:
ASSINATURA DO TITULAR:

HMMM, QUERO SABER MAIS UM POUCO SOBRE VOCÊ!

Faça um autorretrato ou cole uma foto sua.

vire a página

Agora seu desafio é desenhar a sua verdadeira identidade!

Spoiler: Leia Efésios 1.5 e 1 Pedro 2.9.

Nem sempre seguir a Cristo será como pensamos.

> ❝ Então Jesus disse aos seus discípulos: 'Se alguém quiser acompanhar-me, negue-se a si mesmo, tome a sua cruz e siga-me'." (Mateus 16.24)

Imagine só a vida dos discípulos: eles tinham muitas expectativas em relação ao Messias. Esperavam que ele guerreasse (fisicamente, como um militar!), e receberam o Príncipe da Paz. Cresceram seguindo uma série de regras religiosas, e viram Jesus tomar várias atitudes surpreendentes.

Você já parou para pensar que muitas vezes somos como os discípulos?

Podemos pensar que ele vai nos levar por um caminho específico, mas ele nos direciona para outro lado. Como no dia em que Cristo e seus discípulos caminhariam até Jerusalém, e o Senhor os levou a passar por Samaria (cf. Lucas 17.11). Imagino-os se perguntando: "Como assim, Jesus? Você não sabe quem são os samaritanos?".

Vou contar o grande segredo:

Nem sempre entenderemos seus caminhos, porém devemos confiar no Mestre e o seguir! Podemos não saber muito bem por onde, como ou quando, mas o importante é saber QUEM está conosco, e isso é suficiente.

MÃOS À OBRA!

Sabe o versículo que você mais gosta? Chegou a hora de criar uma colagem com ele! Pegue alguns jornais, revistas ou mesmo folhetos (o que encontrar!), recorte palavras ou letras até formar o versículo completo:

mapa-múndi

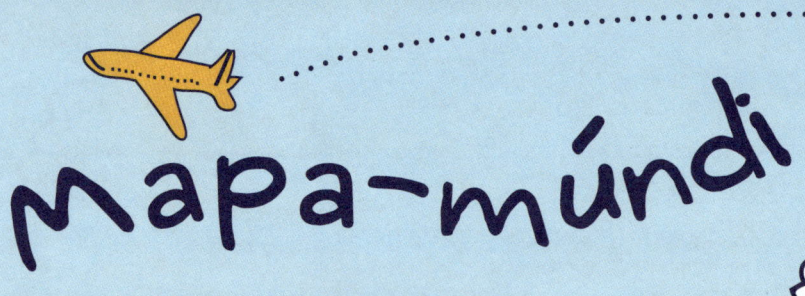

Quem nunca se imaginou dando a volta ao mundo? Eu já pensei nisso um monte de vezes, e oro (sem cessar kkkkk) para que Deus me leve a todo canto deste planeta!

Você também sonha em conhecer todos os países do mundo? _____

- ☐ Já fui
- ☐ Sonho em conhecer
- ☐ Deus colocou no meu ♥

Quais nações já visitou? Quais sonha em conhecer? Quais Deus colocou no seu coração por algum motivo, seja para orar, morar ou fazer missões?

Para responder a essas últimas perguntas, pinte esse mapa-múndi com três cores diferentes, indicando os casos com a ajuda da legenda que está no cantinho da página (e sim, tudo bem usar mais de uma cor para um país).

"EUUU SOU BRASILEIRA, COM MUITO ORGULHO, COM MUITO AMOOOOR."

Se você me acompanha nas redes sociais, já sabe que eu amo o meu país, né?

O Brasil é grande, colorido (e eu que nem gosto de cor... imagina... kkkkk) e muito lindo, repleto de belezas naturais. E nós, brasileiros, somos conhecidos por nossa alegria, jeito acolhedor e até por aquele ditado: "brasileiro não desiste nunca". É verdade, não desistimos mesmo!

Sou apaixonada por essa nação enorme. Já conheci vários lugares dentro do Brasil e os meus preferidos são:

- A Praia do Forte, Bahia (tem uma vila lá perto, que é tão maravilhosa quanto a praia!)
- As cachoeiras e grutas da Chapada Diamantina
- As Cataratas do Iguaçu (ver aquela cena surreal de tão linda, das águas caindo e molhando todos como uma chuva forte, me fez sentir como se eu estivesse tocando a mão de Deus!)
- O Farol da Barra, em Salvador (sério, ver o pôr do Sol ali é a melhor coisa da vida!)
- Gramado (a "Europa dentro do Brasil")

E para você, quais são os lugares mais especiais para visitar no Brasil?

_____
_____
_____
_____

O Brasil é realmente lindo... mas sabemos também que ele tem muitos problemas graves. Ao mesmo tempo, cremos que o Senhor pode curar a nossa terra (cf. 2 Crônicas 7.14)!

Por isso, convido você a orar agora por este país maravilhoso!

Ore como desejar. Mas, se preferir, repita comigo a seguinte oração:

"Pai, tu és o Senhor da nossa nação! Louvamos e agradecemos a ti por nos dares o privilégio de nascer em um país tão lindo, cheio de riquezas e características únicas.

Neste momento, pedimos as tuas bênçãos sobre o Brasil. Que derrames sabedoria sobre o nosso povo, sobre os governantes; que nos enchas de graça e coragem para enfrentarmos os nossos desafios como nação. Nós oramos para que o povo brasileiro receba a tua paz e misericórdia. Desejamos que todos os habitantes do Brasil conheçam o teu amor e recebam a Vida Eterna através da salvação que Cristo nos proporciona. Ajuda-nos a levar a tua palavra para todos os cantos deste enorme país!

Que a união, a compaixão e o amor estejam presentes no coração de cada cidadão brasileiro; que a justiça e a prosperidade sejam alcançadas em todos os lugares desta nação maravilhosa. Oramos em nome de Jesus, amém!"

Depois de orar, declare bem alto (pode gritar se quiser, rs):

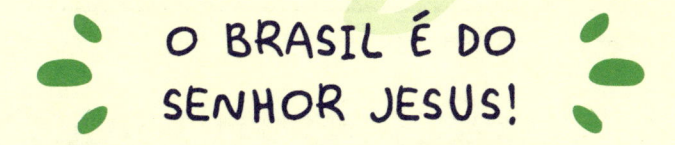

O BRASIL É DO SENHOR JESUS!

SABIA QUE VOCÊ É UM MISSIONÁRIO?

Oooolha, eu espero que sim, porque, como diz a famosa frase de Charles Spurgeon, "todo cristão é, ou um missionário, ou um impostor"*.

Calma, vou explicar melhor...

Tenho pra mim que missionário é todo cristão engajado no cumprimento da Grande Comissão (dá uma olhada em Mateus 28.18-20 e Marcos 16.15-18 para entender melhor do que estou falando), ou seja, quem vive para trazer o Reino de Deus para a Terra onde quer que esteja!

Pois é, muitos pensam que missionário é SÓ quem leva cestas básicas para os necessitados nas ruas, ou quem vai para a África pregar o Evangelho. Mas, embora essas ações sejam maravilhosas, não são as únicas oportunidades para fazer missões!

Seu desafio desta vez é estudar as passagens que mencionei ali em cima e pensar em alguns locais onde você pode atuar como missionário! Escreva o nome desses lugares aqui:

_____   _____

_____   _____

_____   _____

_____   _____

Não se esqueça de orar por cada um deles e pedir ao Senhor que dê estratégias e oportunidades para você levar um pedacinho do Céu para lá!

---

* SPURGEON, C. H. **The Sword and the Trowel;** a record or combat with sin and of labour for the lord. Londres: Passmore and Alabaster [1873], p. 127. Disponível em: https://www.spurgeon.org/resource-library/books/the-sword-and-the-trowel-1873/#flipbook/. Acesso em: 16 jun. 2023.

Como seria o seu passaporte dos sonhos?

Para mim, com certeza, seria cheio de carimbos de todos os países que quero conhecer!

Agora é com você: desenhe ou faça colagens dos carimbos que você sonha em ter no seu passaporte.

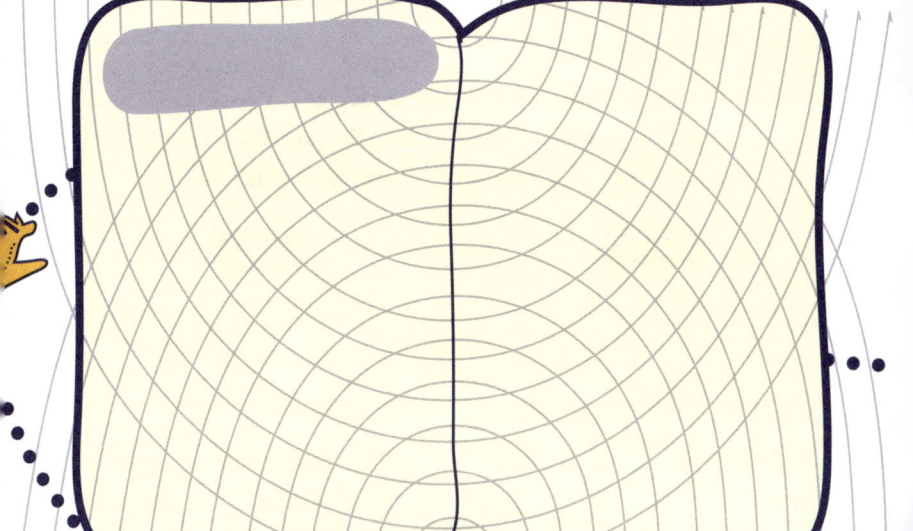

Bora imaginar comigo...

Você está indo viajar!
Mas... só pode levar uma mala pequena.
E agora, o que entra e o que
sai da sua bagagem?
Crie a sua lista aqui (e olha que incrível,
você poderá consultar esta página como
referência sempre que for viajar!):

ENTRA **SAI**

_____   _____
_____   _____
_____   _____
_____   _____
_____   _____

Vamos continuar imaginando, ok? Pense
na sua bagagem espiritual. O que deveria
entrar e o que precisaria sair dela?

ENTRA **SAI**

_____   _____
_____   _____
_____   _____
_____   _____
_____   _____

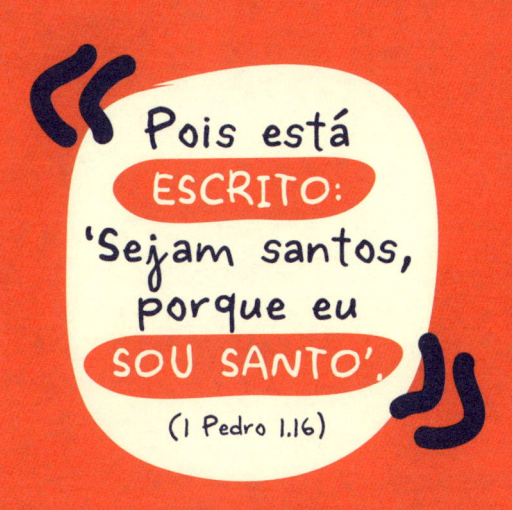

> "Pois está ESCRITO: 'Sejam santos, porque eu SOU SANTO'."
> (1 Pedro 1.16)

O que você acha de batermos um papo sobre um tema muito maneiro e importante para todo cristão? Hoje quero falar sobre a santificação!

Mas calma, não precisa torcer o nariz! Vou explicar de uma maneira bem legal e fácil de entender. Preparado? Então, vamos nessa!

Santificação... o que seria isso?

Em poucas palavras, a santificação é o processo de nos tornarmos mais parecidos com Jesus. Legal, né? E é dessa forma que crescemos espiritualmente.

Sabe o Espírito Santo? Então, ele mora dentro de todo aquele que se entregou para Jesus e nos dá vida! Com ele, temos um superpoder (assim como um super-herói!): vencer a nossa natureza carnal. Você, que é de carne e osso como eu, sabe que essa luta, no dia a dia, não é naaada fácil. Realmente precisamos do Espírito Santo; nós dependemos dele!

Sua obra em nós é o que nos faz fortes o suficiente para obedecermos a Deus! Isso não é o máximo? Pense comigo... o Pai nos pede uma coisa que ele mesmo nos ajuda a fazer (lá em 1 Pedro 1.2 você poderá entender melhor esse processo...)!

Nunca se esqueça de que você foi escolhido para resplandecer a luz do Senhor aqui na Terra, e conte sempre com a ajuda do Espírito Santo para viver em santidade.

Agora, a conclusão disso tudo é: devemos sempre seguir em frente, em busca de nos tornarmos cada vez mais santos, como Deus, o nosso Pai, é santo!

A santificação é como uma maratona, não uma corrida de apenas 100 metros de distância. Precisamos nos esforçar, além de depender do Espírito Santo para chegar lá!

E aqui vai o segredo para você nunca desistir pelo caminho:

- Ore.
- Leia a Bíblia.
- Busque conselho e palavras de pessoas mais maduras na fé do que você.
- E principalmente: siga todos os ensinamentos de Jesus!

Assim, vamos ficar cada vez mais próximos de Deus e inspirar outras pessoas a fazerem o mesmo!

Estou passando aqui,
especialmente neste dia,
para lembrá-lo de algo muito
importante: você NUNCA
esteve só, porque:

EU TE ESCOLHI.
EU TE CHAMEI.
EU TE AMO.

Assinado: Jesus

Você já deve ter aprendido algo sobre adubo na escola, né?

Mas sabia que esse assunto pode se relacionar com a nossa vida espiritual? Siim! Deus é especialista em usar adubo para gerar vida!

Sabe aquilo que você considera descartável e quer jogar fora? Talvez seja justamente algo que o Senhor deseja usar para tornar a sua vida mais frutífera!

Nem sempre o adubo parece agradável... na verdade, normalmente é fedorento e esquisito!

Maaasss... para frutificar, você precisará deixar que Deus fortifique suas raízes. E como estamos falando de adubo, você já deve imaginar que esse processo pode não ser tão agradável. Agora, você está disposto a passar por ele?

Espero que sim, pois assim você será cheeeio de vida!!

Eu tive uma ideia superlegal pra fazermos juntos e, ao mesmo tempo, aprendermos sobre fé e como Deus trabalha em nossa vida... Que tal criar um adubo caseiro? Bora? 🤩

Para começar, você vai precisar de um pote grande ou balde com tampa, restos de comida (como cascas de frutas e legumes) e folhas secas ou pedaços de papelão.

Vamos lá! 🌱

A ideia é fazer camadas alternadas: uma de resíduos orgânicos úmidos, outra de materiais secos, e assim por diante, até encher o pote. Depois, é só fechá-lo com a tampa e deixar tudo lá dentro para "descansar" por algumas semanas. De vez em quando, dê uma mexida, para ajudar no processo de decomposição.

Enquanto espera esse adubo ficar pronto, que tal refletir sobre como Deus usa coisas que parecem desagradáveis para nos fazer crescer?! Pense em momentos difíceis que já passou e como eles ajudaram você a se fortalecer na fé. Às vezes, a gente precisa enfrentar situações complicadas pra aprender e amadurecer!

➡ Depois que esse adubo estiver pronto, use-o em suas plantas e veja como ele ajuda no crescimento delas.

➡ E não use só nas plantas! Já que esse é o diário pra você deixar sua marca, cole um pouco do adubo aqui! Talvez seja isso que você precise pra lembrar que tudo o que você escreve e planta aqui precisa frutificar!

➡ Lembre-se também de como Deus transforma situações difíceis em oportunidades para crescermos!

VAMOS CRIAR UMA LISTA DE METAS PARA A VIDA? 🎯 ✨

Eu começo:

1. Seguir o exemplo de Jesus
2. ORAR antes de falar ou fazer qualquer coisa
3. Ser o motivo do sorriso das pessoas ao meu redor
4. Ter muuuita (e cada vez mais!) intimidade com Deus
5. Encontrar alegria em toda situação

Agora você continua:

6. _____
7. _____
8. _____
9. _____
10. _____

Sabe quando você está orando e percebe que precisa clamar por algumas coisas específicas… mas acaba esquecendo que coisas eram, porque não anotou? Vamos resolver esse problema de vez!

Faça uma lista de oração: com agradecimentos, pedidos por pessoas, circunstâncias, sonhos… faça a lista completa!

Feito isso, reserve um momento do seu dia para se ajoelhar diante do Senhor e apresentar toda a lista, afinal lá em Mateus 6.6 está escrito:

"Mas, quando você orar, vá para seu quarto, feche a porta e ore a seu Pai, que está em secreto. Então seu Pai, que vê em secreto, o recompensará."

MEUS MOTIVOS DE ORAÇÃO

_____   _____
_____   _____
_____   _____
_____   _____
_____   _____
_____   _____
_____   _____
_____   _____
_____   _____
_____   _____
_____   _____
_____   _____

Sabe qual frase aparece 366 vezes na Bíblia?

NÃO

TEMAS!

Deus diz a você um "não temas" diferente para cada dia do ano!

[Mesmo nos anos bissextos! Hahahaha! 😆]

A BÍBLIA

Começa em Gênesis, com a pergunta: "onde está o cordeiro?".

Isaque faz essa pergunta a seu pai, Abraão, em Gênesis 22.

Jesus vem ao mundo como Homem. E então uma Nova Aliança é estabelecida com a revelação de QUEM É O CORDEIRO.

João Batista revela em João 1.29: "Esse é o cordeiro de Deus que tira o pecado do mundo".

E o Livro termina com a volta desse Cordeiro!

Mas, claro, sabemos que o fim do Livro é só o começo de uma VIDA ETERNA para nós com Deus!!

Lembra daquela página, no comecinho deste diário, em que escreveu uma carta para você mesmo ler no futuro?

O FUTURO CHEGOU! E A CARTA VIROU O SEU PRESENTE! 😜

Por isso, volte lá e leia...

Reflita sobre tudo o que escreveu... em todas as mudanças que aconteceram em sua vida de lá para cá.

Depois anote suas reflexões aqui:

_____
_____
_____
_____
_____
_____
_____
_____
_____
_____
_____
_____
_____
_____
_____
_____

Você já deve ter ouvido aquela história de construir a casa na rocha, né?

(QUALQUER COISA, LEIA MATEUS 7.24-29 PARA ENTENDER MELHOR.)

Quando a gente constrói nossa vida tendo Jesus como base, mesmo que os problemas apareçam (e a gente sabe que eles aparecem mesmo, né?), nossa "casa" continua de pé. Isso, porque não estamos baseados nas situações e nos momentos, que mudam o tempo todo. Estamos firmados em Cristo, que é imutável, ele é a Rocha inabalável!

Sabemos que isso é verdade; agora é hora de aplicar no nosso dia a dia!

Vamos lá?

Você vai preciso de:
- Papel (sulfite, cartolina, papel-cartão, ou o que preferir)
- Canetas, lápis de cor, marcadores coloridos, etc.

E siga as instruções:
- **Passo 1:** No papel, desenhe uma casa bem simples (não precisa ser uma obra do Leonardo da Vinci ou Michelangelo, ok?). Ela só precisa ter: fundação, paredes e telhado.
- **Passo 2:** Na fundação, escreva "Jesus Cristo" bem grande. Ele é a base sólida que mantém a casa firme e forte.
- **Passo 3:** Nas paredes, escreva coisas que você considera importantes na sua vida (como família, amigos e sonhos, por exemplo). Essas são as coisas que dão forma e cor à nossa vida. Pode até desenhar emojis para representar suas emoções. 😄😎
- **Passo 4:** Em cima do telhado, escreva os desafios e problemas que você tem enfrentado. Esses são os ventos e tempestades que testam a firmeza da nossa casa. Desenhe alguns raios e nuvens para dar aquele clima dramático. 🌩️

Agora dê uma olhada na casa que você acabou de desenhar. Percebeu como Jesus, sendo a fundação, sustenta tudo o que é importante na sua vida e ajuda a enfrentar os desafios e problemas? Viver firmado em Cristo é assim!

Lembre-se sempre de construir sua vida com Jesus como base e de fundamentar todas as suas ações nele. Assim, quando os problemas chegarem, você estará bem-preparado e seguro na Rocha inabalável que é Cristo!

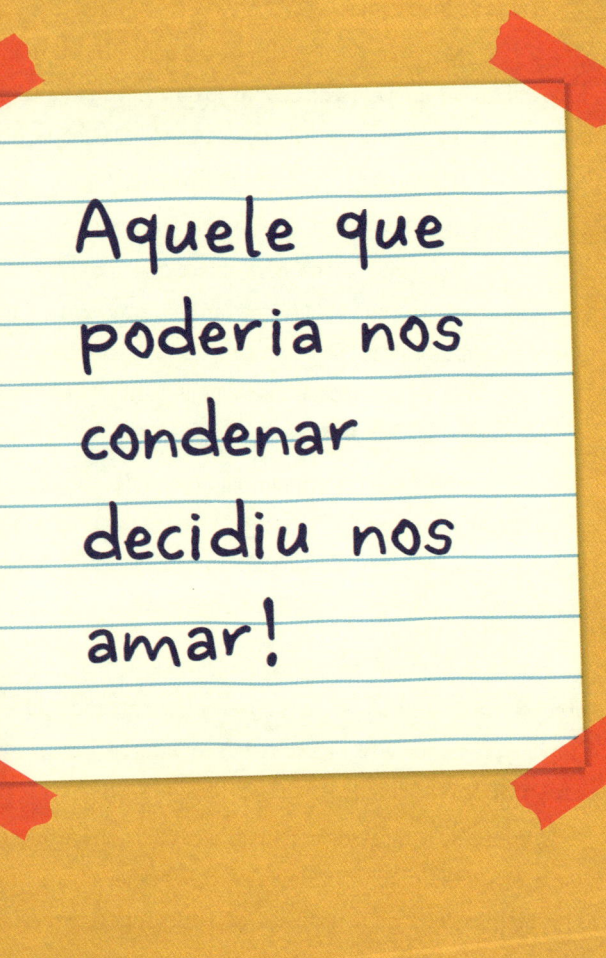

Aquele que poderia nos condenar decidiu nos amar!

NUNCA MAIS EU DIREI	DEUS ME DIZ
porque	
Ninguém se importa comigo.	Amo você profundamente (João 3.16).
Estou sozinho.	Estou sempre com você (Mateus 28.20).
Não consigo enfrentar essa situação.	Eu sou o teu refúgio e fortaleza (Salmos 46.1).
Estou com medo.	Não temas, pois estou com você (Isaías 41.10).
Estou inseguro sobre o futuro.	Eu ensino o caminho para você seguir (Salmos 32.8).
Não sei o que fazer.	Peça sabedoria e eu a darei (Tiago 1.5).
Tenho medo do desconhecido.	Eu tenho planos incríveis para você (Jeremias 29.11).
Não vou conseguir vencer esse desafio.	Todas as coisas são possíveis (Mateus 19.26).
Não tem jeito, vou fracassar.	Coragem, eu estou sempre com você (Josué 1.9).

Sabia que o arco-íris simboliza uma aliança?

Nosso Deus é um Deus de aliança. Com Noé, ele estabeleceu que nunca mais destruiria a Terra com água, e ainda colocou um lindo arco-íris no céu como sinal disso! (Leia Gênesis 9.8-15 para entender melhor.)

E foi justamente um arco-íris o que ele escolheu para "decorar" o seu próprio trono no Céu!! Simm, vemos isso em Apocalipse 4.3.

Nada que Deus faz é em vão, e sim cheio de beleza e significado. Com o arco-íris, ele nos revela sua misericórdia e compaixão de uma forma lindíssima!

Mas bom... agora vamos às investigações...

O arco-íris é composto por sete cores: vermelho, laranja, amarelo, verde, azul, anil e violeta. Faça uma pesquisa e anote aqui o significado de cada cor...

Já estou feliiizzz da vida de tanto falar sobre cores! Pra isso ficar ainda mais divertido, só se colocarmos um pouco de tinta aqui, não é mesmo?!

É isso que vamos fazer...

Pegue um kit de tinta guache e pinte a próxima página usando as cores do arco-íris (misture as tintas até chegar em cada tom)! Que isso ajude você a se lembrar sempre da aliança de Deus conosco!

LEMBRETES DIÁRIOS:

* Em Cristo, somos filhos amados e herdeiros de Deus.

* Jesus levou sobre si todas as nossas dores e enfermidades.

* O fardo de Jesus é leve, e seu jugo é suave.

* Na nossa incapacidade, o Senhor mostra que <u>COM ELE</u> somos <u>CAPAZES</u>.

* Com Jesus, podemos enfrentar qualquer situação.

* E, claro: nele nós somos salvos!

PENSE RÁPIDO!

Qual é a primeira pessoa que vem à sua mente?
_____

VIRE A PÁGINA →

← LEIA A PÁGINA ANTERIOR ANTES DE FAZER ESSE DESAFIO!

AGORA ESCREVA UMA CARTA PARA ELA!

Expresse, em sua mensagem, tudo o que o Espírito Santo colocar em seu coração para dizer. Afirme o quanto essa pessoa é importante para você e para Deus e o quanto é amada!

E aqui vai um desafio:

Decore a folha da maneira que você preferir, mas com muito capricho, e coloque-a em um envelope. Depois envie essa carta pelo correio ou ponha você mesmo na caixinha de entregas da casa dela. Será uma experiência incrível para essa pessoa e para você!

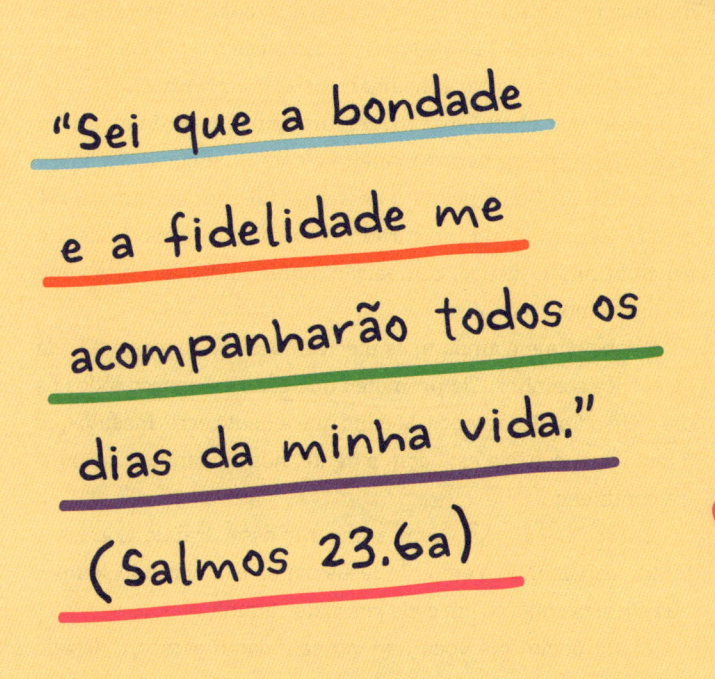

"Sei que a bondade e a fidelidade me acompanharão todos os dias da minha vida."
(Salmos 23.6a)

Hoje a gente vai dar um mergulho em um dos textos mais legais da Bíblia (na minha humiiilde opinião), que está lá em Mateus 28.16-20. Acho que você já deve ter ouvido falar dele!

É a passagem da Grande Comissão...

... aquela parte em que Jesus diz para os discípulos irem e fazerem discípulos de todas as nações, ensinando aos outros tudo o que haviam aprendido com ele.

E sabe o que eu acho mais incrível nisso tudo? É que essa mensagem não foi só para os discípulos daquela época, ela é para nós também! Nós somos os discípulos modernos, e Jesus está nos chamando para espalharmos as Boas Novas.

Cristo nos chama para fazer discípulos e ensinar, e isso pode acontecer de várias maneiras: com uma conversa sobre a bondade de Deus; pelo ato de ser gentil com alguém ou até mesmo postando algo inspirador nas redes sociais. A ideia é espalhar amor, justiça, compaixão, enfim, todas as coisas que Jesus ensinou.

E sabe o que é ainda mais incrível? Jesus não disse: "Ei, vai lá, se vire sozinho!". Ele prometeu que estaria conosco todos os dias, até o fim dos tempos. Mesmo que a gente erre, mesmo que a gente tropece, ele está com a gente, nos ajudando a levantar e a continuar.

Então bora lá? Vamos encarar essa Grande Comissão juntos, espalhando o amor de Jesus por aí, e lembrando sempre que ele está conosco em cada passo do caminho.

E, ah, óbvio que você não vai sair daqui sem um desafio prático! Fale hoje do amor de Jesus de cinco formas diferentes, e depois anote aqui quais métodos você usou (seja criativo!).

_____

_____

_____

_____

AQUI VÃO CINCO SEGREDINHOS PARA SERMOS MAIS ALEGRES:

1 Valorize os momentos comuns do dia a dia, não apenas os "diferentões"... o normal também é bom!

2 Seja grato por coisas mínimas e coisas grandes. Sempre encontre um motivo (ou, se puder, vários) para agradecer.

3 Escolha sorrir em vez de reclamar. É o que eu chamo de "teoria da Branca de Neve": se tem de trabalhar duro como um anão, aja como o Feliz, e não como o Zangado.

4 Entenda que você não precisa entender tudo o tempo todo. Deus é quem tem o controle da situação! Quando caminhamos com ele, vivemos algo inexplicável... algo definido na Bíblia como "a paz que excede todo entendimento"!

5 Saiba que você pode (e deve) se alegrar sempre, mesmo quando não estiver tudo bem... porque alegria é parte do fruto do Espírito! Se ele habita em nós, somos alegres!

Então por que luto tanto para seguir "uma programação" humana se são os planos do Senhor que prevalecem? (Provérbios 19.21)

Por que me pressiono tanto para ser perfeito se Deus diz que a sua graça é suficiente e o seu poder é aperfeiçoado na minha fraqueza? (2 Coríntios 12.9)

✅ Não sou um robô   reCAPTCHA

Por que me esqueço que sou único e amado por Deus, feito de modo especial e admirável? (Salmos 139.14)

E ainda bem!! Eu fui criada pelo maior Artista que existe, conforme a sua imagem e semelhança! (Gênesis 1.27)

"CONSAGRE AO SENHOR TUDO O QUE VOCÊ FAZ, E OS SEUS PLANOS SERÃO BEM-SUCEDIDOS."
(PROVÉRBIOS 16.3)

VOU PASSAR UMA DICA AGORA QUE FEZ A MAIOR DIFERENÇA NA MINHA VIDA.

Está preparado?

Queira o amanhã, PORÉM...

... tenha noção do que você realmente tem em mãos: o <u>aqui</u> e o <u>agora</u>! Lembre-se do passado para aprender, trabalhe pelo amanhã, mas saiba curtir o tempo presente.

Ficar preso no passado só fará com que você reviva o que já aconteceu na sua mente, sem poder mudar nada; e ficar preso no futuro apenas o fará criar expectativas para uma vida que você ainda nem tem. Por isso, <u>CALMA</u>.

Dizem que... depressão é excesso de passado, ansiedade é excesso de futuro. E viver o hoje é "excesso" de vida. Sabia disso?

Não se limite a retrospectivas nem a expectativas, viva o <u>HOJE</u> intensamente. Afinal, o passado passou, Deus está cuidando do seu futuro, e o hoje é verdadeiramente o seu "presente".

Massssss... tem algo muito importante, que você não pode esquecer:

⚠️ ⚠️ ⚠️ ⚠️ ⚠️

    Não viva só pelo aqui e agora, como se o amanhã não fosse existir.
    Saiba que tudo o que você faz tem consequências, então não faça só as coisas que tiver vontade. Viva o agora como um presente, sempre se lembrando de que o que você faz hoje impacta em quem você vai ser amanhã!
    Não exagere nas expectativas, mas viva por perspectiva, entende?
    O segredo é: não seja movido por vontades. Seja movido pelo seu PROPÓSITO.

VOCÊ AINDA TEM DÚVIDAS DE COMO FAZER UM DEVOCIONAL?

Aqui vai uma dica:

DEVOCIONAL

- Coloque um louvor e adore ao Senhor
- Ore
- Leia uma passagem bíblica (ou várias!)
- Medite sobre o que leu

AGORA ME DIGA: NO MOMENTO DE FAZER SEU DEVOCIONAL, VOCÊ ENCONTRA DIFICULDADES?

Vou ensinar você a desenvolver esse hábito maravilhoso, que mudará sua vida para melhor, deixando-o mais pertinho de Jesus!

COMO FICAR FIRME E FORTE NO SEU DEVOCIONAL DIÁRIO?

Orar → Ler a Bíblia → Jejuar → Estudar a Palavra → Falhar* → Pedir forças a Deus → Recomeçar → Perseverar → Acertar → Não se acomodar → Orar

*porque somos humanos

Eiiiii!!

Você não precisa ser igual ao mundo!! Na verdade, não há nada melhor do que andar na contramão dele.

A gente tem o GPS (a Bíblia), seu sinal nunca falha e sempre nos dá a melhor direção para seguirmos no caminho certo. Afinal, só existe um caminho que leva à vida, e esse caminho é viver como Cristo viveu!

Não deixe que o mundo entre no seu coração, mas leve Jesus a todo mundo!

Esta obra foi composta em *Cabrito Norm* e *Jeis* e impressa por Gráfica Piffer Print sobre papel *Offset* 90 g/m² para Editora Vida.